Todos los libros de Linkgua Ediciones cuentan con modelos de Inteligencia Artificial entrenados por hispanistas. Pregúntale al chat de tu libro lo que desees acerca de la obra o su autor/a.

Para ebooks: Accede a nuestro modelo de IA a través de un enlace.

Para libros impresos: Escanea el código QR de la portada con tu dispositivo móvil.

Obtén análisis detallados de nuestros libros, resúmenes, respuestas a tus preguntas y accede a nuestras ediciones críticas generativas para una experiencia de lectura más enriquecedora.
La transparencia y el respeto hacia la autoría de las fuentes utilizadas son distintivos básicos de nuestro proyecto. Por ello, las respuestas ofrecen, mediante un sistema de citas, las fuentes con las que han sido elaboradas.

Garcilaso de la Vega

Églogas

Barcelona 2025
Linkgua-ediciones.com

Créditos

Título original: Églogas.

e-mail: info@linkgua.com

Diseño de la colección: Michel Mallard.

ISBN rústica ilustrada: 978-84-9897-4126
ISBN tapa dura: 978-84-1126-105-0.
ISBN ebook: 978-84-9897-187-3.

Sumario

Brevísima presentación

La vida

Garcilaso de la Vega (Toledo, 1501-Niza, 1536). España.

Miembro de la nobleza, intervino desde joven en la política de Castilla y en 1519 entró en el ejército de Carlos V. Combatió contra los comuneros en la batalla de Olías (1521) y participó, junto con su amigo Juan Boscán, en una fracasada expedición contra los turcos (1522) a Rodas. Tras enfrentarse en Navarra a los franceses, fue nombrado caballero de Santiago y se casó con Elena de Zúñiga. Poco después conoció a la portuguesa Isabel Freyre, su gran amor imposible, quien inspiró la mayor parte de sus poemas, y cuyo matrimonio con otro hombre lo deprimió. Viajó a Italia por primera vez en 1529, recorrió varios países europeos y fue desterrado a una isla del Danubio por asistir a la boda secreta de su sobrino, no autorizada por el rey. Fue perdonado gracias al duque de Alba, entonces vivió en Nápoles y participó en la expedición imperial contra los turcos de Túnez.

El amor y el descubrimiento de la naturaleza, aparecen en las tres églogas. En la primera, el autor habla por boca de dos pastores: Salicio, que se lamenta de haber sido rechazado por Galatea, y Nemoroso, que llora la muerte de Elisa. Ambos personajes corresponden a dos períodos biográficos de Garcilaso, el de su amor no correspondido por Isabel Freyre y el de la tristeza causada por la muerte de ésta.

Églogas

Égloga I

A don Pedro de Toledo,
marqués de Villafranca, virrey de Nápoles

Salicio y Nemoroso

El dulce lamentar de dos pastores
Salicio juntamente y Nemoroso,
he de cantar, sus quejas imitando;
cuyas ovejas al cantar sabroso
estaban muy atentas, los amores,
de pacer olvidadas, escuchando
Tú, que ganaste obrando
un nombre en todo el mundo,
y un grado sin segundo,
agora estés atento, solo y dado
al ínclito gobierno del estado
albano; agora vuelto a la otra parte,
resplandeciente, armado,
representando en tierra al fiero Marte;
agora de cuidados enojosos
y de negocios libre, por ventura
andes a caza, el monte fatigando
el ardiente jinete, que apresura
el curso, tras los ciervos temerosos,
que en vano su morir van dilatando:
espera, que en tornando
a ser restituido
al ocio ya perdido,
luego verás ejercitar mi pluma
por la infinita innumerable suma

de tus virtudes y famosas obras:
antes que me consuma,
faltando a ti, que a todo el mundo sobras
  En tanto que este tiempo que adivino
viene a sacarme de la deuda un día,
que se debe a tu fama y a tu gloria;
que es deuda general, no solo mía,
mas de cualquier ingenio peregrino
que celebra lo digno de memoria:
el árbol de victoria
que ciñe estrechamente
tu gloriosa frente
dé lugar a la hiedra que se planta
debajo de tu sombra, y se levanta
poco a poco, arrimada a tus loores:
y en cuanto esto se canta,
escucha tú el cantar de mis pastores
  Saliendo de las ondas encendido,
rayaba de los montes el altura
el Sol, cuando Salicio, recostado
al pie de una alta haya, en la verdura,
por donde una agua clara con sonido
atravesaba el fresco y verde prado;
él, con canto acordado
al rumor que sonaba
del agua que pasaba,
se quejaba tan dulce y blandamente
como si no estuviera de allí ausente
la que de su dolor culpa tenía;
y así, como presente,
razonando con ella, le decía:

Salicio ¡Oh, más dura que mármol a mis quejas

y al encendido fuego en que me quemo,
más helada que nieve, Galatea!
Estoy muriendo, y aun la vida temo;
témola con razón, pues tú me dejas;
que no hay, sin ti, el vivir para qué sea
Vergüenza he que me vea
ninguno en tal estado,
de ti desamparado,
y de mí mismo yo me corro agora
¿De un alma te desdeñas ser señora,
donde siempre moraste, no pudiendo
della salir un hora?
Salid, sin duelo, lágrimas, corriendo
  El Sol tiende los rayos de su lumbre
por montes y por valles, despertando
las aves y animales y la gente;
cuál por el aire claro va volando,
cuál por el verde valle o alta cumbre
paciendo va segura y libremente,
cuál con el Sol presente,
va de nuevo al oficio,
y al usado ejercicio
do su natura o menester le inclina
Siempre está en llanto esta ánima mezquina
cuando la sombra el mundo va cubriendo
o la luz se avecina
Salid sin duelo, lágrimas, corriendo
  ¿Y tú, desta vida ya olvidada,
sin mostrar un pequeño sentimiento
de que por ti Salicio triste muera,
dejas llevar, desconocida, al viento
el amor y la fe que ser guardada
eternamente solo a mí debiera?

¡Oh Dios! ¿Por qué siquiera,
pues ves desde tu altura
esta falsa perjura
causar la muerte de un estrecho amigo,
no recibe del cielo algún castigo?
Si en pago del amor yo estoy muriendo,
¿que hará el enemigo?
Salid sin duelo, lágrimas, corriendo

Por ti el silencio de la selva umbrosa,
por ti la esquividad y apartamiento
del solitario monte me aguardaba;
por ti la verde yerba, el fresco viento,
el blanco lirio y colorada rosa
y dulce primavera deseaba
¡Ay, cuánto me engañaba!
¡Ay, cuán diferente era
y cuán de otra manera
lo que en tu falso pecho se escondía!
Bien claro con su voz me lo decía
la siniestra corneja, repitiendo
la desventura mía
Salid sin duelo, lágrimas, corriendo

¡Cuántas veces durmiendo en la floresta,
reputándolo yo por desvarío,
vi mi mal entre sueños, desdichado!
Soñaba que en el tiempo del estío
llevaba, por pasar allí la siesta,
a beber en el Tajo mi ganado
y después de llegado
sin saber de cuál arte,
por desusada parte
y por nuevo camino el agua se iba;
ardiendo y con el calor estiva,

el curso enajenado iba siguiendo
del agua fugitiva
Salid sin duelo, lágrimas, corriendo
Tu dulce habla, ¿en cúya oreja suena?
Tus claros ojos, ¿a quién los volviste?
¿Por quién tan sin respeto me trocaste?
Tu quebrantada fe, ¿do la pusiste?
¿Cuál es el cuello que, como en cadena,
de tus hermosos brazos anudaste?
No hay corazón que baste,
aunque fuese de piedra,
viendo mi amada hiedra
de mí arrancada, en otro muro asida,
y mi parra en otro olmo entretejida,
que no se esté con llanto deshaciendo
hasta acabar la vida
Salid sin duelo, lágrimas, corriendo
¿Qué no se esperará de aquí adelante,
por difícil que sea y por incierto?
¿O qué discordia no será juntada?
Y juntamente, ¿qué tendrá por cierto?
¿O qué de hoy más no temerá el amante,
siendo a todo materia por ti dada?
Cuando tú enajenada
de mí, cuitado, fuiste,
notable causa diste
y ejemplo a todos cuantos cubre el cielo,
que el más seguro tema con recelo
perder lo que estuviera poseyendo
Salid fuera sin duelo,
salid sin duelo, lágrimas, corriendo
Materia diste al mundo de esperanza
de alcanzar lo imposible y no pensado

Y de hacer juntar lo diferente,
dando a quien diste el corazón malvado,
quitándolo de mí con tal mudanza,
que siempre sonará de gente en gente
La cordera paciente
con el lobo hambriento
hará su ayuntamiento
y con las simples aves sin ruido
harán las bravas sierpes ya su nido:
que mayor diferencia comprendo
de ti al que has escogido
Salid sin duelo, lágrimas, corriendo
Siempre de nueva leche en el verano
y en el invierno abundo; en mi majada
la manteca y el queso está sobrado;
de mi cantar, pues, yo te vi agradada,
tanto, que no pudiera el mantuano
Títiro ser de ti más alabado
No soy, pues, bien mirado,
tan disforme ni feo,
que aún agora me veo
en esta agua que corre clara y pura,
y cierto no trocara mi figura?
con ése que de mí se está riendo:
¡trocara mi ventura!
Salid sin duelo, lágrimas, corriendo....
¿Cómo te vine en tanto menosprecio?
¿Cómo te fui tan presto aborrecible?
¿Cómo te faltó en mí el conocimiento?
Si no tuvieras condición terrible,
siempre fuera tenido de ti en precio,
y no viera de ti ese apartamiento
¿No sabes que sin cuento

buscan en el estío
mis ovejas el frío
de la sierra de Cuenca, y el gobierno
del abrigo Extremo en el invierno?
Mas ¡qué vale el tener, si derritiendo
me estoy en llano eterno!
Salid sin duelo, lágrimas corriendo
  Con mi llorar las piedras enternecen
su natural dureza y la quebrantan,
los árboles parece que se inclinan,
las aves que me escuchan, cuando cantan,
con diferente voz se condolecen,
y mi morir cantando me adivinan
Las fieras que reclinan
su cuerpo fatigado
dejan el sosegado
sueño por escuchar mi llanto triste
Tú sola contra mí te endureciste,
los ojos aun siquiera no volviendo
a lo que tú hiciste
Salid sin duelo, lágrimas, corriendo
  Mas ya que a socorrerme aquí no vienes,
no dejes el lugar que tanto amaste
que bien podrás venir de mí segura,
y dejaré el lugar do me dejaste;
ven, si por solo esto te detienes
Ves aquí un prado lleno de verdura,
ves aquí una espesura,
ves aquí una agua clara,
en otro tiempo cara,
a quien de ti con lágrimas me quejo
Quizás aquí hallarás, pues yo me alejo,
al que todo mi bien quitarme puede;

que pues el bien le dejo,
no es mucho que lugar también le quede
  Aquí dio fin a su canta Salicio,
y suspirando en el postrero acento,
soltó de llanto una profunda vena
Queriendo el monte al grave sentimiento
de aquel dolor en algo ser propicio,
con el pesada voz retumba y suena
La blanda Filomena,
casi como dolida
y a compasión movida,
dulcemente responde al son lloroso
Lo que cantó tras esto Nemoroso
decidlo vos, Pierides, que tanto
no puedo yo ni oso,
que siento enflaquecer mi débil canto

Nemoroso Corrientes aguas, puras, cristalinas,
árboles que os estáis mirando en ellas,
verde prado de fresca sombra lleno,
aves que aquí sembráis vuestras querellas,
hiedra que por los árboles caminas,
torciendo el paso por su verde seno;
yo me vi tan ajeno
del grave mal que siento,
que de puro contento
con vuestra soledad me recreaba,
donde con dulce sueño reposaba,
o con el pensamiento discurría
por donde no hallaba
sino memorias llenas de alegría;
  y en este mismo valle, donde agora
me entristezco y me canso, en el reposo

estuve ya contento y descansado
¡Oh bien caduco, vano y presuroso!
Acuérdome durmiendo aquí algún hora
que, despertando, a Elisa[1] vi a mi lado
¡Oh miserable hado!
¡Oh tela delicada,
antes de tiempo dada
a los agudos filos de la muerte!
Mas convenible fuera aquesta suerte
a los cansados años de mi vida,
que es más que el hierro fuerte,
pues no la ha quebrantado tu partida
¿Do están agora aquellos claros ojos
que llevaban tras sí como colgada
mi ánima por doquier que se volvían?
¿Do está la blanca mano delicada,
llena de vencimientos y despojos
que de mí mis sentidos le ofrecían?
Los cabellos que vían
con gran desprecio al oro
como a menor tesoro,
¿adónde están? ¿Adónde el blanco pecho?
¿Do la columna que al dorado techo
con presunción graciosa sostenía?
Aquesto todo agora ya se encierra,
por desventura mía,
en la fría, desierta y dura tierra
¿Quién me dijera, Elisa, vida mía,
cuando en aqueste valle el fresco viento
andábamos cogiendo tiernas flores
que había de ver con largo apartamiento

1 Elisa es en el imaginario de Garcilaso la dama portuguesa Isabel Freyre.

venir el triste y solitario día
que diese amargo fin a mis amores?
El cielo en mis dolores
cargó la mano tanto,
que a sempiterno llanto
y a triste soledad me ha condenado;
y lo que siento más es verme atado
a la pesada vida y enojosa,
solo, desamparado,
ciego sin lumbre en cárcel tenebrosa
  Después que nos dejaste, nunca pace
en hartura el ganado ya, ni acude
el campo al labrador con mano llena
No hay bien que en mal no se convierta y
mude;
la mala yerba al trigo ahoga, y nace
en lugar suyo la infelice avena;
la tierra, que de buena
gana nos producía
flores con que solía
quitar en solo vellas mis enojos,
produce agora en cambio estos abrojos,
ya de rigor de espinas intratable;
y yo hago con mis ojos
crecer, llorando, el fruto miserable
  Como al partir el Sol la sombra crece,
y en cayendo su rayo se levanta
la negra oscuridad que el mundo cubre,
de do viene el temor que nos espanta,
y la medrosa forma en que se ofrece
aquello que la noche nos encubre,
hasta que el Sol descubre
su luz pura y hermosa;
tal es la tenebrosa

noche de tu partir, en que he quedado
de sombra y de temor atormentado,
hasta que muerte el tiempo determine
que a ver el deseado
Sol de tu clara vista me encamine

Cual suele el ruiseñor con triste canto
quejarse, entre las hojas escondido,
del duro labrador, que cautamente
le despojó su caro y dulce nido
de los tiernos hijuelos entretanto
que del amado ramo estaba ausente
y aquel dolor que siente,
con diferencia tanta,
por la dulce garganta
despide, y a su canto el aire suena,
y la callada noche no refrena
su lamentable oficio y sus querellas
trayendo de su pena
al cielo por testigo y las estrellas;

desta manera suelto yo la rienda
a mi dolor, y así me quejo en vano
de la dureza de la muerte airada
Ella en mi corazón metió la mano,
y de allí me llevó mi dulce prenda,
que aquél era su nido y su morada
¡Ay, muerte arrebatada!
Por ti me estoy quejando
al cielo y enojando
con importuno llanto al mundo todo:
tan desigual dolor no sufre modo
No me podrán quitar el dolorido
sentir, si ya del todo
primero no me quitan el sentido

Una parte guardé de tus cabellos,
Elisa, envueltos en un blanco paño,
que nunca de mi seno se me apartan:
descójolos, y de un dolor tamaño
enternecerme siento, que sobre ellos
nunca mis ojos de llorar se hartan
Sin que de allí se partan,
con suspiros calientes,
más que la llama ardientes,
los enjugo del llanto, y de consuno
casi los paso y cuento uno a uno,
juntándolos, con un cordón los ato
Tras esto el importuno
dolor me deja descansar un rato
Mas luego a la memoria se me ofrece
aquella noche tenebrosa, oscura,
que siempre aflige esta ánima mezquina
con la memoria de mi desventura
Verte presente agora me parece
en aquel duro trance de Lucina,
y aquella voz divina,
con cuyo son y acentos
a los airados vientos
pudieras amansar, que agora es muda,
me parece que oigo que a la cruda,
inexorable diosa, demandabas
en aquel paso ayuda;
y tú, rústica diosa, ¿dónde estabas?
¿Ibate tanto en perseguir las fieras?
¿Ibate tanto en un pastor dormido?
¿Cosa pudo bastar a tal crudeza
que, conmovida a compasión, oído
a los votos y lágrimas no dieras

para no ver hecha tierra tal belleza,
o no ver la tristeza
en que tu Nemoroso
queda, que su reposo
era seguir tu oficio, persiguiendo
las fieras por los montes y ofreciendo
a tus sagradas aras los despojos?
¿Y tú, ingrata, riendo
dejas morir mi bien ante mis ojos?

Divina Elisa, pues agora el cielo
con inmortales pies pisas y mides,
y su mudanza ves, estando queda,
¿por qué de mí te olvidas y no pides
que se apresure el tiempo en que este velo
rompa el cuerpo, y verme libre pueda,
y en la tercera rueda
contigo mano a mano
busquemos otro llano,
busquemos otros montes y otros ríos,
otros valles floridos y sombríos,
donde descanse y siempre pueda verte,
ante los ojos míos,
sin miedo y sobresalto de perderte?

Nunca pusieran fin al triste lloro
los pastores, ni fueran acabadas
las canciones que solo el monte oía,
si mirando las nubes coloradas,
al transmontar del Sol bordadas de oro,
no vieran que era ya pasado el día
La sombra se veía
venir corriendo apriesa
ya por la falda espesa

del altísimo monte, y recordando
ambos como de sueño, y acabando
el fugitivo Sol, de luz escaso,
su ganado llevando,
se fueron recogiendo paso a paso

Égloga II

Albanio En medio del invierno está templada
el agua dulce desta clara fuente,
y en el verano más que nieve helada
¡Oh claras ondas, cómo veo presente,
en viéndoos, la memoria d'aquel día
de que el alma temblar y arder se siente!
En vuestra claridad vi mi alegría
oscurecerse toda y enturbiarse;
cuando os cobré, perdí mi compañía
¿A quién pudiera igual tormento darse,
que con lo que descansa otro afligido
venga mi corazón a atormentarse?
El dulce murmurar deste ruido,
el mover de los árboles al viento,
el suave olor del prado florecido
podrían tornar d'enfermo y descontento
cualquier pastor del mundo alegre y sano;
yo solo en tanto bien morir me siento
¡Oh hermosura sobre'l ser humano,
oh claros ojos, oh cabellos d'oro,
oh cuello de marfil, oh blanca mano!,
¿cómo puede ora ser qu'en triste lloro
se convirtiese tan alegre vida
y en tal pobreza todo mi tesoro?
Quiero mudar lugar y a la partida
quizá me dejará parte del daño
que tiene el alma casi consumida
¡Cuán vano imaginar, cuán claro engaño
es darme yo a entender que con partirme,
de mí s'ha de partir un mal tamaño!

¡Ay miembros fatigados, y cuán firme
es el dolor que os cansa y enflaquece!
¡Oh, si pudiese un rato aquí adormirme!
Al que, velando, el bien nunca s'ofrece,
quizá qu'el sueño le dará, durmiendo,
algún placer que presto desparece;
en tus manos ¡oh sueño! m'encomiendo

Salicio

¡Cuán bienaventurado
aquél puede llamarse
que con la dulce soledad s'abraza,
y vive descuidado
y lejos d'empacharse
en lo que al alma impide y embaraza!
No ve la llena plaza
ni la soberbia puerta
de los grandes señores,
ni los aduladores
a quien la hambre del favor despierta;
no le será forzoso
rogar, fingir, temer y estar quejoso
A la sombra holgando
d'un alto pino o robre
o d'alguna robusta y verde encina,
el ganado contando
de su manada pobre
que en la verde selva s'avecina,
plata cendrada y fina
y oro luciente y puro
bajo y vil le parece,
y tanto lo aborrece
que aun no piensa que dello está seguro,
y como está en su seso,

rehuye la cerviz del grave peso
Convida a un dulce sueño
aquel manso ruido
del agua que la clara fuente envía,
y las aves sin dueño,
con canto no aprendido,
hinchen el aire de dulce armonía
Háceles compañía,
a la sombra volando
y entre varios olores
gustando tiernas flores,
la solícita abeja susurrando;
los árboles, el viento
al sueño ayudan con su movimiento,
¿Quién duerme aquí? ¿Dó está que no le
veo?
¡Oh, hele allí! ¡Dichoso tú, que aflojas
la cuerda al pensamiento o al deseo!
¡Oh natura, cuán pocas obras cojas
en el mundo son hechas por tu mano,
creciendo el bien, menguando las congojas!
El sueño diste al corazón humano
para que, al despertar, más s'alegrase
del estado gozoso, alegre o sano,
que como si de nuevo le hallase,
hace aquel intervalo que ha pasado
qu'el nuevo gusto nunca al fin se pase;
y al que de pensamiento fatigado
el sueño baña con licor piadoso,
curando el corazón despedazado,
aquel breve descanso, aquel reposo
basta para cobrar de nuevo aliento
con que se pase el curso trabajoso

Llegarme quiero cerca con buen tiento
y ver, si de mí fuere conocido,
si es del número triste o del contento
Albanio es este que está 'quí dormido,
o yo conozco mal; Albanio es, cierto
Duerme, garzón cansado y afligido
¡Por cuán mejor librado tengo un muerto,
que acaba'l curso de la vida humana
y es conducido a más seguro puerto,
qu'el que, viviendo acá, de vida ufana
y d'estado gozoso, noble y alto
es derrocado de fortuna insana!
Dicen qu'este mancebo dio un gran salto,
que d'amorosos bienes fue abundante,
y agora es pobre, miserable y falto;
no sé la historia bien, mas quien delante
se halló al duelo me contó algún poco
del grave caso deste pobre amante

Albanio ¿Es esto sueño, o ciertamente toco
la blanca mano? ¡Ah, sueño, estás burlando!
Yo estábate creyendo como loco
¡Oh cuitado de mi! Tú vas volando
con prestas alas por la ebúrnea puerta;
yo quédome tendido aquí llorando
¿No basta el grave mal en que despierta
el alma vive, o por mejor decillo,
está muriendo d'una vida incierta?

Salicio Albanio, deja el llanto, qu'en oíllo
me aflijo

Albanio ¿Quién presente 'stá a mi duelo?

Salicio Aquí está quien t'ayudará a sentillo

Albanio ¿Aquí estás tú, Salicio? Gran consuelo
me fuera en cualquier mal tu compañía,
mas tengo en esto por contrario el cielo

Salicio Parte de tu trabajo ya m'había
contado Galafrón, que fue presente
en aqueste lugar el mismo día,
mas no supo decir del accidente
la causa principal, bien que pensaba
que era mal que decir no se consiente;
y a la sazón en la ciudad yo estaba,
como tú sabes bien, aparejando
aquel largo camino que esperaba,
y esto que digo me contaron cuando
torné a volver; mas yo te ruego ahora,
si esto no es enojoso que demando,
que particularmente el punto y hora,
la causa, el daño cuentes y el proceso,
que'l mal, comunicándose, mejora

Albanio Con un amigo tal, verdad es eso
cuando el mal sufre cura, mi Salicio,
mas éste ha penetrado hasta el hueso
Verdad es que la vida y ejercicio
común y el amistad que a ti me ayunta
mandan que complacerte sea mi oficio;
mas ¿qué haré?, qu'el alma ya barrunta
que quiero renovar en la memoria
la herida mortal d'aguda punta,
y póneme delante aquella gloria

pasada y la presente desventura
para espantarme de la horrible historia
   Por otra parte, pienso qu'es cordura
renovar tanto el mal que m'atormenta
que a morir venga de tristeza pura,
   y por esto, Salicio, entera cuenta
te daré de mi mal como pudiere,
aunque el alma rehuya y no consienta
   Quise bien, y querré mientras rigiere
aquestos miembros el espíritu mío,
aquélla por quien muero, si muriere
   En este amor no entré por desvarío,
ni lo traté, como otros, con engaños,
ni fue por elección de mi albedrío:
   desde mis tiernos y primeros años
a aquella parte m'enclinó mi estrella
y aquel fiero destino de mis daños
   Tú conociste bien una doncella
de mi sangre y agüelos descendida,
más que la misma hermosura bella;
   en su verde niñez siendo ofrecida
por montes y por selvas a Diana,
ejercitaba allí su edad florida
   Yo, que desde la noche a la mañana
y del un Sol al otro sin cansarme
seguía la caza con estudio y gana,
   por deudo y ejercicio a conformarme
vine con ella en tal domestiqueza
que della un punto no sabia apartarme;
   iba de un hora en otra la estrecheza
haciéndose mayor, acompañada
de un amor sano y lleno de pureza
   ¿Qué montaña dejó de ser pisada

de nuestros pies? ¿Qué bosque o selva
umbrosa
no fue de nuestra caza fatigada?
Siempre con mano larga y abundosa,
con parte de la caza visitando
el sacro altar de nuestra santa diosa,
la colmilluda testa ora llevando
del puerco jabalí, cerdoso y fiero,
del peligro pasado razonando,
ora clavando del ciervo ligero
en algún sacro pino los ganchosos
cuernos, con puro corazón sincero,
tornábamos contentos y gozosos,
y al disponer de lo que nos quedaba,
jamás me acuerdo de quedar quejosos
Cualquiera caza a entrambos agradaba,
pero la de las simples avecillas
menos trabajo y más placer nos daba
En mostrando el aurora sus mejillas
de rosa y sus cabellos d'oro fino,
humedeciendo ya las florecillas,
nosotros, yendo fuera de camino,
buscábamos un valle, el más secreto
y de conversación menos vecino
Aquí, con una red de muy perfeto
verde teñida, aquel valle atajábamos
muy sin rumor, con paso muy quieto;
de dos árboles altos la colgábamos,
y habiéndonos un poco lejos ido,
hacia la red armada nos tornábamos,
y por lo más espeso y escondido
los árboles y matas sacudiendo,
turbábamos el valle con ruido

Zorzales, tordos, mirlas, que temiendo,
delante de nosotros espantados,
del peligro menor iban huyendo,
daban en el mayor, desatinados,
quedando en la sutil red engañosa
confusamente todos enredados
Y entonces era vellos una cosa
extraña y agradable, dando gritos
y con voz lamentándose quejosa;
algunos dellos, que eran infinitos,
su libertad buscaban revolando;
otros estaban míseros y aflitos
Al fin, las cuerdas de la red tirando,
llevábamosla juntos casi llena,
la caza a cuestas y la red cargando
Cuando el húmido otoño ya refrena
del seco estío el gran calor ardiente
y va faltando sombra a Filomena,
con otra caza, d'ésta diferente
aunque también de vida ocioso y blanda,
pasábamos el tiempo alegremente
Entonces siempre, como sabes, anda
d'estorninos volando a cada parte,
acá y allá, la espesa y negra banda;
y cierto aquesto es cosa de contarte,
cómo con los que andaban por el viento
usábamos también astucia y arte
Uno vivo, primero, d'aquel cuento
tomábamos, y en esto sin fatiga
era cumplido luego nuestro intento;
al pie del cual un hilo untado en liga
atando, le soltábamos al punto
que vía volar aquella banda amiga;

apenas era suelto cuando junto
estaba con los otros y mezclado,
secutando el efeto de su asunto:
a cuantos era el hilo enmarañado
por alas o por pies o por cabeza,
todos venían al suelo mal su grado
Andaban forcejando una gran pieza,
a su pesar y a mucho placer nuestro,
que así d'un mal ajeno bien s'empieza
Acuérdaseme agora qu'el siniestro
canto de la corneja y el agüero
para escaparse no le fue maestro
Cuando una dellas, como es muy ligero,
a nuestras manos viva nos venía,
era prisión de más d'un prisionero;
la cual a un llano grande yo traía
adó muchas cornejas andar juntas,
o por el suelo o por el aire, vía;
clavándola en la tierra por las puntas
extremas de las alas, sin rompellas,
seguíase lo que apenas tú barruntas
Parecía que mirando las estrellas,
clavada boca arriba en aquel suelo,
estaba a contemplar el curso dellas;
d'allí nos alejábamos, y el cielo
rompía con gritos ella y convocaba
de las cornejas el superno vuelo;
en un solo momento s'ajuntaba
una gran muchedumbre presurosa
a socorrer la que en el suelo estaba
Cercábanla, y alguna, más piadosa
del mal ajeno de la compañera
que del suyo avisada o temerosa,

llegábase muy cerca, y la primera
qu'esto hacia pagaba su inocencia
con prisión o con muerte lastimera:
con tal fuerza la presa, y tal violencia,
s'engarrafaba de la que venía
que no se despidiera sin licencia
Ya puedes ver cuán gran placer sería
ver, d'una por soltarse y desasirse,
d'otra por socorrerse, la porfía;
al fin la fiera lucha a despartirse
venia por nuestra mano, y la cuitada
del bien hecho empezaba a arrepentirse
¿Qué me dirás si con su mano alzada,
haciendo la nocturna centinela,
la grulla de nosotros fue engañada?
No aprovechaba al ánsar la cautela
ni ser siempre sagaz descubridora
de nocturnos engaños con su vela,
ni al blanco cisne qu'en las aguas mora
por no morir como Faetón en fuego,
del cual el triste caso canta y llora
Y tú, perdiz cuitada, ¿piensas luego
que en huyendo del techo estás segura?
En el campo turbamos tu sosiego
A ningún ave o animal natura
dotó de tanta astucia que no fuese
vencido al fin de nuestra astucia pura
Si por menudo de contar t'hubiese
d'aquesta vida cada partecilla,
temo que antes del fin anocheciese;
basta saber que aquesta tan sencilla
y tan pura amistad quiso mi hado
en diferente especie convertilla,

en un amor tan fuerte y tan sobrado
y en un desasosiego no creíble
tal que no me conozco de trocado
El placer de miralla con terrible
y fiero desear sentí mezclarse,
que siempre me llevaba a lo imposible;
la pena de su ausencia vi mudarse,
no en pena, no en congoja, en cruda muerte
y en un infierno el alma atormentarse
A aqueste 'stado, en fin, mi dura suerte
me trujo poco a poco, y no pensara
que contra mí pudiera ser más fuerte
si con mi grave daño no probara
que en comparación d'ésta, aquella vida
cualquiera por descanso la juzgara
Ser debe aquesta historia aborrecida
de tus orejas, ya que así atormenta
mi lengua y mi memoria entristecida;
decir ya más no es bien que se consienta
Junto todo mi bien perdí en un hora,
y ésta es la suma, en fin, d'aquesta cuenta

Salicio Albanio, si tu mal comunicaras
con otro que pensaras que tu pena
juzgaba como ajena, o qu'este fuego
nunca probó ni el juego peligroso
de que tú estás quejoso, yo confieso
que fuera bueno aqueso que ora haces;
mas si tú me deshaces con tus quejas,
¿por qué agora me dejas como a extraño,
sin dar daqueste daño fin al cuento?
¿Piensas que tu tormento como nuevo
escucho, y que no pruebo por mi suerte

aquesta viva muerte en las entrañas?
Si ni con todas mañas o experiencia
esta grave dolencia se deshecha,
al menos aprovecha, yo te digo,
para que de un amigo que adolezca
otro se condolezca, que ha llegado
de bien acuchillado a ser maestro
Así que, pues te muestro abiertamente
que no estoy inocente destos males,
que aun traigo las señales de las llagas,
no es bien que tú te hagas tan esquivo,
que mientras estás vivo, ser podría
que por alguna vía t'avisase,
o contigo llorase, que no es malo
tener al pie del palo quien se duela
del mal, y sin cautela t'aconseje

Albanio
Tú quieres que forceje y que contraste
con quien al fin no baste a derrocalle
Amor quiere que calle; yo no puedo
mover el paso un dedo sin gran mengua;
él tiene de mi lengua el movimiento,
así que no me siento ser bastante

Salicio
¿Qué te pone delante que t'empida
el descubrir tu vida al que aliviarte
del mal alguna parte cierto espera?

Albanio
Amor quiere que muera sin reparo,
y conociendo claro que bastaba
lo que yo descansaba en este llanto
contigo a que entretanto m'aliviase
y aquel tiempo probase a sostenerme,

por más presto perderme, como injusto,
me ha ya quitado el gusto que tenía
de echar la pena mía por la boca,
así que ya no toca nada dello
a ti querer sabello, ni contallo
a quien solo pasallo le conviene,
y muerte sola por alivio tiene

Salicio ¿Quién es contra su ser tan inhumano
que al enemigo entrega su despojo
y pone su poder en otra mano?
¿Cómo, y no tienes algún hora enojo
de ver que amor tu misma lengua ataje
o la desate por su solo antojo?

Albanio Salicio amigo, cese este lenguaje;
cierra tu boca y más aquí no la abras;
yo siento mi dolor, y tú mi ultraje
¿Para qué son magníficas palabras?
¿Quién te hizo filósofo elocuente,
siendo pastor d'ovejas y de cabras?
¡Oh cuitado de mí, cuán fácilmente,
con expedida lengua y rigurosa,
el sano da consejos al doliente!

Salicio No te aconsejo yo ni digo cosa
para que debas tú por ella darme
respuesta tan aceda y tan odiosa;
ruégote que tu mal quieras contarme
porque d'él pueda tanto entristecerme
cuanto suelo del bien tuyo alegrarme

Albanio Pues ya de ti no puedo defenderme,

yo tornaré a mi cuento cuando hayas
prometido una gracia concederme,
    y es que en oyendo el fin, luego te vayas
y me dejes llorar mi desventura
entr'estos pinos solo y estas hayas

Salicio
    Aunque pedir tú eso no es cordura,
yo seré dulce más que sano amigo
y daré buen lugar a tu tristura

Albanio
    Ora, Salicio, escucha lo que digo,
y vos, ¡oh ninfas deste bosque umbroso!,
adoquiera que estáis, estad conmigo
    Ya te conté el estado tan dichoso
adó me puso amor, si en él yo firme
pudiera sostenerme con reposo;
    mas como de callar y d'encubrirme
d'aquélla por quien vivo m'encendía
llegué ya casi al punto de morirme,
    mil veces ella preguntó qué había
y me rogó que el mal le descubriese
que mi rostro y color le descubría;
    mas no acabó, con cuanto me dijiese,
que de mí a su pregunta otra respuesta
que un suspiro con lágrimas hubiese
    Aconteció que en un' ardiente siesta,
viniendo de la caza fatigados
en el mejor lugar desta floresta,
    qu'es éste donde 'stamos asentados,
a la sombra d'un árbol aflojamos
las cuerdas a los arcos trabajados;
    en aquel prado allí nos reclinamos,
y del Céfiro fresco recogiendo

el agradable espíritu, respiramos
Las flores, a los ojos ofreciendo
diversidad extraña de pintura,
diversamente así estaban oliendo;
y en medio aquesta fuente clara y pura,
que como de cristal resplandecía,
mostrando abiertamente su hondura,
el arena, que d'oro parecía,
de blancas pedrezuelas variada,
por do manaba el agua, se bullía
En derredor, ni sola una pisada
de fiera o de pastor o de ganado
a la sazón estaba señalada
Después que con el agua resfriado
hubimos el calor y juntamente
la sed de todo punto mitigado,
ella, que con cuidado diligente
a conocer mi mal tenia el intento
y a escudriñar el ánimo doliente,
con nuevo ruego y firme juramento
me conjuró y rogó que le contase
la causa de mi grave pensamiento,
y si era amor, que no me recelase
de hacelle mi caso manifiesto
y demostralle aquella que yo amase;
que me juraba que también en esto
el verdadero amor que me tenía
con pura voluntad estaba presto
Yo, que tanto callar ya no podía
y claro descubrir menos osara
lo que en el alma triste se sentía,
le dije que en aquella fuente clara
vería d'aquella que yo tanto amaba

abiertamente la hermosa cara;
ella, que ver aquésta deseaba,
con menos diligencia discurriendo
d'aquélla con qu'el paso apresuraba,
a la pura fontana fue corriendo,
y en viendo el agua, toda fue alterada,
en ella su figura sola viendo;
y no de otra manera arrebatada
del agua rehuyó que si estuviera
de la rabiosa enfermedad tocada,
y sin mirarme, desdeñosa y fiera,
no sé qué allá entre dientes murmurando,
me dejó aquí, y aquí quiere que muera
Quedé yo triste y solo allí, culpando
mi temerario osar, mi desvarío,
la pérdida del bien considerando;
creció de tal manera el dolor mío
y de mi loco error el desconsuelo
que hice de mis lágrimas un río
Fijos los ojos en el alto cielo,
estuve boca arriba una gran pieza
tendido, sin mudarme en este suelo;
y como d'un dolor otro s'empieza,
el largo llanto, el desvanecimiento,
el vano imaginar de la cabeza,
de mi gran culpa aquel remordimiento,
verme del todo, al fin, sin esperanza
me trastornaron casi el sentimiento
.Cómo deste lugar hice mudanza
no sé, ni quién d'aquí me condujiese
al triste albergue y a mi pobre estanza;
sé que tornando en mí, como estuviese
sin comer y dormir bien cuatro días

y sin que el cuerpo de un lugar moviese,
las ya desmamparadas vacas mías
por otro tanto tiempo no gustaron
las verdes hierbas ni las aguas frías;
los pequeños hijuelos, que hallaron
las tetas secas ya de las hambrientas
madres, bramando al cielo se quejaron;
las selvas, a su voz también atentas,
bramando pareció que respondían,
condolidas del daño y descontentas
Aquestas cosas nada me movían;
antes, con mi llorar, hacia espantados
todos cuantos a verme allí venían
Vinieron los pastores de ganados,
vinieron de los sotos los vaqueros
para ser de mi mal de mí informados;
y todos con los gestos lastimeros
me preguntaban cuáles habían sido
los accidentes de mi mal primeros;
a los cuales, en tierra yo tendido,
ninguna otra respuesta dar sabía,
rompiendo con sollozos mi gemido,
sino de rato en rato les decía:
«Vosotros, los de Tajo, en su ribera
cantaréis la mi muerte cada día;
este descanso llevaré, aunque muera,
que cada día cantaréis mi muerte,
vosotros, los de Tajo, en su ribera.»
La quinta noche, en fin, mi cruda suerte,
queriéndome llevar do se rompiese
aquesta tela de la vida fuerte,
hizo que de mi choza me saliese
por el silencio de la noche 'scura

a buscar un lugar donde muriese,
y caminando por do mi ventura
y mis enfermos pies me condujeron,
llegué a un barranco de muy gran altura;
luego mis ojos le reconocieron,
que pende sobre'l agua, y su cimiento
las ondas poco a poco le comieron
Al pie d'un olmo hice allí mi asiento,
y acuérdome que ya con ella estuve
pasando allí la siesta al fresco viento;
en aquesta memoria me detuve
como si aquésta fuera medicina
de mi furor y cuanto mal sostuve
Denunciaba el aurora ya vecina
la venida del Sol resplandeciente,
a quien la tierra, a quien la mar s'enclina;
entonces, como cuando el cisne siente
el ansia postrimera que l'aqueja
y tienta el cuerpo mísero y doliente,
con triste y lamentable son se queja
y se despide con funesto canto
del espíritu vital que d'él s'aleja:
así aquejado yo de dolor tanto
que el alma abandonaba ya la humana
carne, solté la rienda al triste llanto:
«¡Oh fiera —dije—, más que tigre hircana
y más sorda a mis quejas qu'el ruido
embravecido de la mar insana,
heme entregado, heme aquí rendido,
he aquí que vences; toma los despojos
de un cuerpo miserable y afligido!
Yo porné fin del todo a mis enojos;
ya no te ofenderá mi rostro triste,

mi temerosa voz y húmidos ojos;
quizá tú, qu'en mi vida no moviste
el paso a consolarme en tal estado
ni tu dureza cruda enterneciste,
viendo mi cuerpo aquí desamparado,
vernás a arrepentirte y lastimarte,
mas tu socorro tarde habrá llegado
¿Cómo pudiste tan presto olvidarte
d'aquel tan luengo amor, y de sus ciegos
ñudos en sola un hora desligarte?
¿No se te acuerda de los dulces juegos
ya de nuestra niñez, que fueron leña
destos dañosos y encendidos fuegos,
cuando la encina desta espesa breña
de sus bellotas dulces despojaba,
que íbamos a comer sobr'esta peña?
¿Quién las castañas tiernas derrocaba
del árbol, al subir dificultoso?
¿Quién en su limpia falda las llevaba?
¿Cuándo en valle florido, espeso, umbroso
metí jamás el pie que d'él no fuese
cargado a ti de flores y oloroso?
Jurábasme, si ausente yo estuviese,
que ni el agua sabor ni olor la rosa
ni el prado hierba para ti tuviese
¿A quién me quejo?, que no escucha cosa
de cuantas digo quien debría escucharme
Eco sola me muestra ser piadosa;
respondiéndome, prueba conhortarme
como quien probó mal tan importuno,
mas no quiere mostrarse y consolarme
¡Oh dioses, si allá juntos de consuno,
de los amantes el cuidado os toca;

o tú solo, si toca a solo uno!,
    recibid las palabras que la boca
echa con la doliente ánima fuera,
antes qu'el cuerpo torne en tierra poca
    ¡Oh náyades, d'aquesta mi ribera
corriente moradoras; oh napeas,
guarda del verde bosque verdadera!,
    alce una de vosotras, blancas deas,
del agua su cabeza rubia un poco,
así, ninfa, jamás en tal te veas;
    podré decir que con mis quejas toco
las divinas orejas, no pudiendo
las humanas tocar, cuerdo ni loco
    ¡Oh hermosas oreadas que, teniendo
el gobierno de selvas y montañas,
a caza andáis, por ellas discurriendo!,
    dejad de perseguir las alimañas,
venid a ver un hombre perseguido,
a quien no valen fuerzas ya ni mañas
    ¡Oh dríadas, d'amor hermoso nido,
dulces y graciosísimas doncellas
que a la tarde salís de lo escondido,
    con los cabellos rubios que las bellas
espaldas dejan d'oro cobijadas!,
parad mientes un rato a mis querellas,
    y si con mi ventura conjuradas
no estáis, haced que sean las ocasiones
de mi muerte aquí siempre celebradas
    ¡Oh lobos, oh osos, que por los rincones
destas fieras cavernas escondidos
estáis oyendo agora mis razones!,
    quedaos a Dios, que ya vuestros oídos
de mi zampoña fueron halagados

y alguna vez d'amor enternecidos
Adiós, montañas; adiós, verdes prados;
adiós, corrientes ríos espumosos:
vivid sin mí con siglos prolongados,
y mientras en el curso presurosos
iréis al mar a dalle su tributo,
corriendo por los valles pedregosos,
haced que aquí se muestre triste luto
por quien, viviendo alegre, os alegraba
con agradable son y viso enjuto,
por quien aquí sus vacas abrevaba,
por quien, ramos de lauro entretejendo,
aquí sus fuertes toros coronaba.»
Estas palabras tales en diciendo,
en pie m'alcé por dar ya fin al duro
dolor que en vida estaba padeciendo,
y por el paso en que me ves te juro
que ya me iba a arrojar de do te cuento,
con paso largo y corazón seguro,
cuando una fuerza súbita de viento
vino con tal furor que d'una sierra
pudiera remover el firme asiento
De espaldas, como atónito, en la tierra
desde ha gran rato me hallé tendido,
que así se halla siempre aquel que yerra
Con más sano discurso en mi sentido
comencé de culpar el presupuesto
y temerario error que había seguido
en querer dar, con triste muerte, al resto
d'aquesta breve vida fin amargo,
no siendo por los hados aun dispuesto
D'allí me fui con corazón más largo
para esperar la muerte cuando venga

a relevarme deste grave cargo
    Bien has ya visto cuánto me convenga,
que pues buscalla a mí no se consiente,
ella en buscarme a mí no se detenga
    Contado t'he la causa, el accidente,
el daño y el proceso todo entero;
cúmpleme tu promesa prestamente,
    y si mi amigo cierto y verdadero
eres, como yo pienso, vete agora;
no estorbes con dolor acerbo y fiero
al afligido y triste cuando llora

Salicio

Tratara de una parte
que agora solo siento,
si no pensaras que era dar consuelo:
quisiera preguntarte
cómo tu pensamiento
se derribó tan presto en ese suelo,
o se cubrió de un velo,
para que no mirase
que quien tan luengamente
amó, no se consiente
que tan presto del todo t'olvidase
¿Qué sabes si ella agora
juntamente su mal y el tuyo llora?

Albanio

Cese ya el artificio
de la maestra mano;
no me hagas pasar tan grave pena
Harásme tú, Salicio,
ir do nunca pie humano
estampó su pisada en el arena
Ella está tan ajena

d’estar desa manera
como tú de pensallo,
aunque quieres mostrallo
con razón aparente a verdadera;
ejercita aquí el arte
a solas, que yo voyme en otra parte

Salicio

No es tiempo de curalle
hasta que menos tema
la cura del maestro y su crueza;
solo quiero dejalle,
que aun está la postema
intratable, a mi ver, por su dureza;
quebrante la braveza
del pecho empedernido
con largo y tierno llanto
Iréme yo entretanto
a requerir d’un ruiseñor el nido,
que está en un alta encina
y estará presto en manos de Gravina

Camila

Si desta tierra no he perdido el tino,
por aquí el corzo vino que ha traído,
después que fue herido, atrás el viento
¡Qué recio movimiento en la corrida
lleva, de tal herida lastimado!
En el siniestro lado soterrada,
la flecha enherbolada iba mostrando,
las plumas blanqueando solas fuera,
y háceme que muera con buscalle
No paso deste valle; aquí está cierto,
y por ventura muerto. ¡Quién me diese
alguno que siguiese el rastro agora,

mientras la herviente hora   de la siesta
en aquesta floresta   yo descanso!
¡Ay, viento fresco y manso   y amoroso,
almo, dulce, sabroso!,   esfuerza, esfuerza
tu soplo, y esta fuerza   tan caliente
del alto Sol ardiente   ora quebranta,
que ya la tierna planta   del pie mío
anda a buscar el frío   desta hierba
A los hombres reserva   tú, Diana,
en esta siesta insana,   tu ejercicio;
por agora tu oficio   desamparo,
que me ha costado caro   en este día
¡Ay dulce fuente mía,   y de cuán alto
con solo un sobresalto   m'arrojaste!
¿Sabes que me quitaste,   fuente clara,
los ojos de la cara?,   que no quiero
menos un compañero   que yo amaba,
mas no como él pensaba.   ¡Dios ya quiera
que antes Camila muera   que padezca
culpa por do merezca   ser echada
de la selva sagrada   de Diana!
¡Oh cuán de mala gana   mi memoria
renueva aquesta historia!   Mas la culpa
ajena me disculpa,   que si fuera
yo la causa primera   desta ausencia,
yo diera la sentencia   en mi contrario;
él fue muy voluntario   y sin respeto
Mas ¿para qué me meto   en esta cuenta?
Quiero vivir contenta   y olvidallo
y aquí donde me hallo   recrearme;
aquí quiero acostarme,   y en cayendo
la siesta, iré siguiendo   mi corcillo,
que yo me maravillo   ya y m'espanto

cómo con tal herida huyó tanto

Albanio Si mi turbada vista no me miente,
paréceme que vi entre rama y rama
una ninfa llegar a aquella fuente
Quiero llegar allá: quizá si ella ama,
me dirá alguna cosa con que engañe,
con algún falso alivio, aquesta llama
Y no se me da nada que desbañe
mi alma si es contrario a lo que creo,
que a quien no espera bien, no hay mal que dañe
¡Oh santos dioses!, ¿qué's esto que veo?
¿Es error dc fantasma convertida
en forma de mi amor y mi deseo?
Camila es ésta que está aquí dormida;
no puede d'otra ser su hermosura
La razón está clara y conocida:
una obra sola quiso la natura
hacer como ésta, y rompió luego apriesa
la estampa do fue hecha tal figura;
¿quién podrá luego de su forma expresa
el traslado sacar, si la maestra
misma no basta, y ella lo confiesa?
Mas ya qu'es cierto el bien que a mí se muestra,
¿cómo podré llegar a despertalla,
temiendo yo la luz que a ella me adiestra?
Si solamente de poder tocalla
perdiese el miedo yo... Mas ¿si despierta?
Si despierta, tenella y no soltalla
Esta osadía temo que no es cierta
¿Qué me puede hacer? Quiero llegarme;

en fin, ella está agora como muerta
Cabe ella por lo menos asentarme
bien puedo, mas no ya como solía..
¡Oh mano poderosa de matarme!,
¿viste cuánto tu fuerza en mí podía?
¿Por qué para sanarme no la pruebas?,
que su poder a todo bastaría

Camila ¡Socórreme, Diana!

Albanio ¡No te muevas,
que no t'he de soltar; escucha un poco!

Camila ¿Quién me dijera, Albanio, tales nuevas?
¡Ninfas del verde bosque, a vos invoco;
a vos pido socorro desta fuerza!
¿Qué es esto, Albanio? Dime si estás loco

Albanio Locura debe ser la que me fuerza
a querer más qu'el alma y que la vida
a la que a aborrecerme a mí se 'sfuerza

Camila Yo debo ser de ti l'aborrecida,
pues me quieres tratar de tal manera,
siendo tuya la culpa conocida

Albanio ¿Yo culpa contra ti? ¡Si la primera
no está por cometer, Camila mía,
en tu desgracia y disfavor yo muera!

Camila ¿Tú no violaste nuestra compañía,
queriéndola torcer por el camino
que de la vida honesta se desvía?

Albanio ¿Cómo, de sola una hora el desatino
ha de perder mil años de servicio,
si el arrepentimiento tras él vino?

Camila Aquéste es de los hombres el oficio:
tentar el mal, y si es malo el suceso,
pedir con humildad perdón del vicio

Albanio ¿Qué tenté yo, Camila?

Camila ¡Bueno es eso!
Esta fuente lo diga, que ha quedado
por un testigo de tu mal proceso

Albanio Si puede ser mi yerro castigado
con muerte, con deshonra o con tormento,
vesme aquí; estoy a todo aparejado

Camila Suéltame ya la mano, que el aliento
me falta de congoja

Albanio He muy gran miedo
que te me irás, que corres más qu'el viento

Camila No estoy como solía, que no puedo
moverme ya, de mal ejercitada;
suelta, que casi m'has quebrado un dedo

Albanio ¿Estarás, si te suelto, sosegada,
mientras con razón clara te demuestro
que fuiste sin razón de mí enojada?

Camila ¡Eres tú de razones gran maestro!
Suelta, que sí estaré

Albanio Primero jura
por la primera fe del amor nuestro

Camila Yo juro por la ley sincera y pura
del amistad pasada de sentarme
y de 'scuchar tus quejas muy segura
¡Cuál me tienes la mano d'apretarme
con esa dura mano, descreído!

Albanio ¡Cuál me tienes el alma de dejarme!

Camila ¡Mi prendedero d'oro, si es perdido!
¡Oh cuitada de mí, mi prendedero
desde aquel valle aquí se m'ha caído!

Albanio Mira no se cayese allá primero,
antes d'aquéste, al val de la Ortiga

Doquier que se perdió, buscalle quiero

Albanio Yo iré a buscalle; excusa esta fatiga,
que no puedo sufrir que aquesta arena
abrase el blanco pie de mi enemiga

Camila Pues ya quieres tomar por mí esta pena,
derecho ve primero a aquellas hayas,
que allí estuve yo echada un' hora buena

Albanio Yo voy, mas entretanto no te vayas

Camila Seguro ve, ¡que antes verás mi muerte
que tú me cobres ni a tus manos hayas!

Albanio ¡Ah, ninfa desleal!, ¿y desa suerte
se guarda el juramento que me diste?
¡Ah, condición de vida dura y fuerte!
¡Oh falso amor, de nuevo me hiciste
revivir con un poco d'esperanza!
¡Oh modo de matar nojoso y triste!
¡Oh muerte llena de mortal tardanza,
podré por ti llamar injusto el cielo,
injusta su medida y su balanza!
Recibe tú, terreno y duro suelo,
este rebelde cuerpo que detiene
del alma el expedido y presto vuelo;
yo me daré la muerte, y aun si viene
alguno a resistirme... ¿a resistirme?:
¡él verá que a su vida no conviene!
¿No puedo yo morir, no puedo irme
por aquí, por allí, por do quisiere,
desnudo espíritu o carne y hueso firme?

Salicio Escucha, que algún mal hacerse quiere
¡Oh, cierto tiene trastornado el seso!

Albanio ¡Aquí tuviese yo quien mal me quiere!
Descargado me siento d'un gran peso;
paréceme que vuelo, despreciando
monte, choza, ganado, leche y queso
¿No son aquéstos pies? Con ellos ando
Ya caigo en ello: el cuerpo se m'ha ido;
solo el espíritu es este que ora mando
¿Hale hurtado alguno o escondido

mientras mirando estaba yo otra cosa?
¿O si quedó por caso allí dormido?
Una figura de color de rosa
estaba allí durmiendo: ¿si es aquélla
mi cuerpo? No, que aquélla es muy hermosa

Nemoroso ¡Gentil cabeza! No daría por ella
yo para mi traer solo un cornado

Albanio ¿A quién iré del hurto a dar querella?

Salicio Extraño ejemplo es ver en qué ha parado
este gentil mancebo, Nemoroso,
ya a nosotros, que l'hemos más tratado,
manso, cuerdo, agradable, virtuoso,
sufrido, conversable, buen amigo,
y con un alto ingenio, gran reposo

Albanio ¡Yo podré poco o hallaré testigo
de quién hurtó mi cuerpo! Aunque esté ausente,
yo le perseguiré como a enemigo
¿Sabrásme decir d'él, mi clara fuente?
Dímelo, si lo sabes: así Febo
nunca tus frescas ondas escaliente
Allá dentro en el fondo está un mancebo,
de laurel coronado y en la mano
un palo, propio como yo, d'acebo
¡Hola! ¿quién está 'llá? Responde, hermano
¡Válasme, Dios!, o tú eres sordo o mudo,
o enemigo mortal del trato humano
espíritu soy, de carne ya desnudo,

que busco el cuerpo mío, que m'ha hurtado
algún ladrón malvado, injusto y crudo
Callar que callarás. ¿Hasme 'scuchado?
¡Oh santo Dios!, mi cuerpo mismo veo,
o yo tengo el sentido trastornado
¡Oh cuerpo, hete hallado y no lo creo!
¡Tanto sin ti me hallo descontento,
pon fin ya a tu destierro y mi deseo!

Nemoroso Sospecho qu'el contino pensamiento
que tuvo de morir antes d'agora
le representa aqueste apartamiento

Salicio Como del que velando siempre llora,
quedan, durmiendo, las especies llenas
del dolor que en el alma triste mora

Albanio Si no estás en cadenas, sal ya fuera
a darme verdadera forma d'hombre,
que agora solo el nombre m'ha quedado;
y si allá estás forzado en ese suelo,
dímelo, que si al cielo que me oyere
con quejas no moviere y llanto tierno,
convocaré el infierno y reino oscuro
y romperé su muro de diamante,
como hizo el amante blandamente
por la consorte ausente que cantando
estuvo halagando las culebras
de las hermanas negras, mal peinadas

Nemoroso ¡De cuán desvariadas opiniones
saca buenas razones el cuitado!

Salicio El curso acostumbrado del ingenio,
aunque le falte el genio que lo mueva,
con la fuga que lleva corre un poco,
y aunque éste está ora loco, no por eso
ha de dar al travieso su sentido,
en todo habiendo sido cual tú sabes

Nemoroso No más, no me le alabes, que por cierto
como de velle muerto estoy llorando

Albanio Estaba contemplando qué tormento
es deste apartamiento lo que pienso
No nos aparta inmenso mar airado,
no torres de fosado rodeadas,
no montañas cerradas y sin vía,
no ajena compañía dulce y cara:
un poco d'agua clara nos detiene
Por ella no conviene lo que entramos
con ansia deseamos, porque al punto
que a ti me acerco y junto, no te apartas;
antes nunca te hartas de mirarme
y de significarme en tu meneo
que tienes gran deseo de juntarte
con esta media parte. Daca, hermano,
écham' acá esa mano, y como buenos
amigos a lo menos nos juntemos
y aquí nos abracemos. ¡Ah, burlaste!
¿Así te me 'scapaste? Yo te digo
que no es obra d'amigo hacer eso;
quedo yo, don travieso, remojado,
¿y tú estás enojado? ¡Cuán apriesa
mueves —¿qué cosa es esa?— tu figura!
¿Aun esa desventura me quedaba?

Ya yo me consolaba en ver serena
tu imagen, y tan buena y amorosa;
no hay bien ni alegre cosa ya que dure

Nemoroso A lo menos, que cure tu cabeza

Salicio Salgamos, que ya empieza un furor nuevo,

Albanio ¡Oh Dios! ¿por qué no pruebo a echarme dentro
hasta llegar al centro de la fuente?

Salicio ¿Qué's esto, Albanio? ¡Tente!

Albanio ¡Oh manifiesto
ladrón!, mas ¿qué's aquesto? ¡Es muy bueno
vestiros de lo ajeno y ante'l dueño,
como si fuese un leño sin sentido,
venir muy revestido de mi carne!
¡Yo haré que descarne esa alma osada
aquesta mano airada!

Salicio ¡Está quedo!
¡Llega tú, que no puedo detenelle!

Nemoroso Pues ¿qué quieres hacelle?

Salicio ¿Yo? Dejalle,
si desenclavijalle yo acabase
la mano, a que escapase mi garganta

Nemoroso No tiene fuerza tanta; solo puedes
hacer tú lo que debes a quien eres

Salicio ¡Qué tiempo de placeres y de burlas!
¿Con la vida te burlas, Nemoroso?
¡Ven, ya no estés donoso!

Nemoroso Luego vengo;
en cuanto me detengo aquí un poco,
veré cómo de un loco te desatas

Salicio ¡Ay, paso, que me matas!

Albanio ¡Aunque mueras!

Nemoroso ¡Ya aquello va de veras! ¡Suelta, loco!

Albanio Déjame 'star un poco, que ya acabo

Nemoroso ¡Suelta ya!

Albanio ¿Qué te hago?

Nemoroso ¡A mí, no nada!

Albanio Pues vete tu jornada, y no entiendas
en aquestas contiendas

Salicio ¡Ah, furioso!
Afierra, Nemoroso, y tenle fuerte
¡Yo te daré la muerte, don perdido!
Ténmele tú tendido mientras l'ato
Probemos así un rato a castigalle;
quizá con espantalle habrá algún miedo

Albanio Señores, si estoy quedo, ¿dejarésme?

Salicio ¡No!

Albanio Pues ¿qué, matarésme?

Salicio ¡Sí!

Albanio ¿Sin falta?
Mira cuánto más alta aquella sierra
está que la otra tierra

Nemoroso Bueno es esto;
él olvidará presto la braveza

Salicio ¡Calla, que así s'aveza a tener seso!

Albanio ¿Cómo, azotado y preso?

Salicio ¡Calla, escucha!

Albanio Negra fue aquella lucha que contigo
hice, que tal castigo dan tus manos
¿No éramos como hermanos de primero?

Nemoroso Albanio, compañero, calla agora
y duerme aquí algún hora, y no te muevas

Albanio ¿Sabes algunas nuevas de mí?

Salicio ¡Loco!

Albanio Paso, que duermo un poco

Salicio ¿Duermes cierto?

Albanio ¿No me ves como un muerto? Pues ¿qué
hago?

Salicio Éste te dará el pago, si despiertas,
en esas carnes muertas, te prometo

Nemoroso Algo 'stá más quieto y reposado
que hasta 'quí. ¿Qué dices tú, Salicio?
¿Parécete que puede ser curado?

Salicio En procurar cualquiera beneficio
a la vida y salud d'un tal amigo,
haremos el debido y justo oficio

Nemoroso Escucha, pues, un poco lo que digo;
contaréte una 'xtraña y nueva cosa
de que yo fui la parte y el testigo
En la ribera verde y deleitosa
del sacro Tormes, dulce y claro río,
hay una vega grande y espaciosa,
verde en el medio del invierno frío,
en el otoño verde y primavera,
verde en la fuerza del ardiente estío
Levántase al fin della una ladera,
con proporción graciosa en el altura,
que sojuzga la vega y la ribera;
allí está sobrepuesta la espesura
de las hermosas torres, levantadas
al cielo con extraña hermosura,
no tanto por la fábrica estimadas,

aunque 'xtraña labor allí se vea,
cuanto por sus señores ensalzadas
  Allí se halla lo que se desea:
virtud, linaje, haber y todo cuanto
bien de natura o de fortuna sea
  Un hombre mora allí de ingenio tanto
que toda la ribera adonde él vino
nunca se harta d'escuchar su canto
  Nacido fue en el campo placentino,
que con estrago y destrucción romana
en el antiguo tiempo fue sanguino,
  y en éste con la propia la inhumana
furia infernal, por otro nombre guerra,
le tiñe, le ruina y le profana;
  él, viendo aquesto, abandonó su tierra,
por ser más del reposo compañero
que de la patria, que el furor atierra
  Llevóle a aquella parte el buen agüero
d'aquella tierra d'Alba tan nombrada,
que éste's el nombre della, y d'él Severo
  A aquéste Febo no le´scondió nada,
antes de piedras, hierbas y animales
diz que le fue noticia entera dada
  Éste, cuando le place, a los caudales
ríos el curso presuroso enfrena
con fuerza de palabras y señales;
  la negra tempestad en muy serena
y clara luz convierte, y aquel día,
si quiere revolvelle, el mundo atruena;
  la Luna d'allá arriba bajaría
si al son de las palabras no impidiese
el son del carro que la mueve y guía
  Temo que si decirte presumiese

de su saber la fuerza con loores,
que en lugar d'alaballe l'ofendiese
Mas no te callaré que los amores
con un tan eficaz remedio cura
cual se conviene a tristes amadores;
en un punto remueve la tristura,
convierte'n odio aquel amor insano,
y restituye'l alma a su natura
No te sabré decir, Salicio hermano,
la orden de mi cura y la manera,
mas sé que me partí d'él libre y sano
Acuérdaseme bien que en la ribera
de Tormes le hallé solo, cantando
tan dulce que una piedra enterneciera
Como cerca me vido, adivinando
la causa y la razón de mi venida,
suspenso un rato 'stuvo así callando,
y luego con voz clara y expedida
soltó la rienda al verso numeroso
en alabanzas de la libre vida
Yo estaba embebecido y vergonzoso,
atento al son y viéndome del todo
fuera de libertad y de reposo
No sé decir sino que'n fin de modo
aplicó a mi dolor la medicina
qu'el mal desarraigó de todo en todo
Quedé yo entonces como quien camina
de noche por caminos enriscados,
sin ver dónde la senda o paso inclina;
mas, venida la luz y contemplados,
del peligro pasado nace un miedo
que deja los cabellos erizados:
así estaba mirando, atento y quedo,

aquel peligro yo que atrás dejaba,
que nunca sin temor pensallo puedo
    Tras esto luego se me presentaba,
sin antojos delante, la vileza
de lo que antes ardiendo deseaba
    Así curó mi mal, con tal destreza,
el sabio viejo, como t'he contado,
que volvió el alma a su naturaleza
y soltó el corazón aherrojado

Salicio ¡Oh gran saber, oh viejo fructuoso,
qu'el perdido reposo   al alma vuelve,
y lo que la revuelve   y lleva a tierra
del corazón destierra   incontinente!
Con esto solamente   que contaste,
así le reputaste   acá conmigo
que sin otro testigo   a deséalle
ver presente y hablalle   me levantas

Nemoroso ¿Desto poco te 'spantas   tú, Salicio?
De más te daré indicio   manifiesto,
si no te soy molesto   y enojoso

Salicio ¿Qué's esto, Nemoroso,   y qué cosa
puede ser tan sabrosa   en otra parte
a mi como escucharte?   No la siento,
cuanto más este cuento   de Severo;
dímelo por entero,   por tu vida,
pues no hay quien nos impida   ni embarace
Nuestro ganado pace,   el viento espira,
Filomena suspira   en dulce canto
y en amoroso llanto   s'amancilla;
gime la tortolilla   sobre'l olmo,

presséntanos a colmo   el prado flores
y esmalta en mil colores   su verdura;
la fuente clara y pura,   murmurando,
nos está convidando   a dulce trato

Nemoroso ¿Escucha, pues, un rato,   y diré cosas
extrañas y espantosas   poco a poco
Ninfas, a vos invoco;   verdes faunos,
sátiros y silvanos,   soltá todos
mi lengua en dulces modos   y sutiles,
que ni los pastoriles   ni el avena
ni la zampoña suena   como quiero
Este nuestro Severo   pudo tanto
con el suave canto   y dulce lira
que, revueltos en ira   y torbellino,
en medio del camino   se pararon
los vientos y escucharon   muy atentos
la voz y los acentos,   muy bastantes
a que los repugnantes   y contrarios
hiciesen voluntarios   y conformes
A aquéste el viejo Tormes,   como a hijo,
le metió al escondrijo   de su fuente,
de do va su corriente   comenzada;
mostróle una labrada   y cristalina
urna donde él reclina   el diestro lado,
y en ella vio entallado   y esculpido
lo que, antes d'haber sido,   el sacro viejo
por devino consejo   puso en arte,
labrando a cada parte   las extrañas
virtudes y hazañas   de los hombres
que con sus claros nombres   ilustraron
cuanto señorearon   de aquel río
Estaba con un brío   desdeñoso,

con pecho corajoso, aquel valiente
que contra un rey potente y de gran seso,
qu'el viejo padre preso le tenía,
cruda guerra movía despertando
su ilustre y claro bando al ejercicio
d'aquel piadoso oficio. A aquéste junto
la gran labor al punto señalaba
al hijo que mostraba acá en la tierra
ser otro Marte en guerra, en corte Febo;
mostrábase mancebo en las señales
del rostro, qu'eran tales que 'speranza
y cierta confianza claro daban,
a cuantos le miraban, qu'él sería
en quien se informaría un ser divino
Al campo sarracino en tiernos años
daba con graves daños a sentillo,
que como fue caudillo del cristiano,
ejercitó la mano y el maduro
seso y aquel seguro y firme pecho
En otra parte, hecho ya más hombre,
con más ilustre nombre, los arneses
de los fieros franceses abollaba
Junto, tras esto, estaba figurado
con el arnés manchado de otra sangre,
sosteniendo la hambre en el asedio,
siendo él solo el remedio del combate,
que con fiero rebate y con ruido
por el muro batido l'ofrecían;
tantos al fin morían por su espada,
a tantos la jornada puso espanto,
que no hay labor que tanto notifique
cuanto el fiero Fadrique de Toledo
puso terror y miedo al enemigo

Tras aqueste que digo se veía
el hijo don García, qu'en el mundo
sin par y sin segundo solo fuera
si hijo no tuviera. ¿Quién mirara
de su hermosa cara el rayo ardiente,
quién su resplandeciente y clara vista,
que no diera por lista su grandeza?
Estaban de crueza fiera armadas
las tres inicuas hadas, cruda guerra
haciendo allí a la tierra con quitalle
éste, qu'en alcanzalle fue dichosa
¡Oh patria lagrimosa, y cómo vuelves
los ojos a los Gelves, suspirando!
Él está ejercitando el duro oficio,
y con tal artificio la pintura
mostraba su figura que dijeras,
si pintado lo vieras, que hablaba
El arena quemaba, el Sol ardía,
la gente se caía medio muerta;
él solo con despierta vigilancia
dañaba la tardanza floja, inerte,
y alababa la muerte gloriosa
Luego la polvorosa muchedumbre,
gritando a su costumbre, le cercaba;
mas el que se llegaba al fiero mozo
llevaba, con destrozo y con tormento,
del loco atrevimiento el justo pago
Unos en bruto lago de su sangre,
cortado ya el estambre de la vida,
la cabeza partida revolcaban;
otros claro mostraban, espirando,
de fuera palpitando las entrañas,
por las fieras y extrañas cuchilladas

d'aquella mano dadas.   Mas el hado
acerbo, triste, airado   fue venido,
y al fin él, confundido   d'alboroto,
atravesado y roto   de mil hierros,
pidiendo de sus yerros   venia al cielo,
puso en el duro suelo   la hermosa
cara, como la rosa   matutina,
cuando ya el Sol declina   al mediodía,
que pierde su alegría   y marchitando
va la color mudando;   o en el campo
cual queda el lirio blanco   qu'el arado
crudamente cortado   al pasar deja,
del cual aun no s'aleja   presuroso
aquel color hermoso   o se destierra,
mas ya la madre tierra   descuidada
no le administra nada   de su aliento,
que era el sustentamiento   y vigor suyo:
tal está el rostro tuyo   en el arena,
fresca rosa, azucena   blanca y pura
Tras ésta una pintura   extraña tira
los ojos de quien mira   y los detiene
tanto que no conviene   mirar cosa
extraña ni hermosa   sino aquélla
De vestidura bella   allí vestidas
las gracias esculpidas   se veían;
solamente traían   un delgado
velo qu'el delicado   cuerpo viste,
mas tal que no resiste   a nuestra vista
Su diligencia en vista   demostraban;
todas tres ayudaban   en una hora
una muy gran señora   que paría
Un infante se vía   ya nacido
tal cual jamás salido   d'otro parto

del primer siglo al cuarto   vio la Luna;
en la pequeña cuna   se leía
un nombre que decía   «don Fernando»
Bajaban, d'él hablando,   de dos cumbres
aquellas nueve lumbres   de la vida
con ligera corrida,   y con ellas,
cual Luna con estrellas,   el mancebo
intonso y rubio, Febo;   y en llegando,
por orden abrazando   todas fueron
al niño, que tuvieron   luengamente
Visto como presente,   d'otra parte
Mercurio estaba y Marte,   cauto y fiero,
viendo el gran caballero   que encogido
en el recién nacido   cuerpo estaba
Entonces lugar daba   mesurado
a Venus, que a su lado   estaba puesta;
ella con mano presta   y abundante
néctar sobre'l infante   desparcía,
mas Febo la desvía   d'aquel tierno
niño y daba el gobierno   a sus hermanas;
del cargo están ufanas   todas nueve
El tiempo el paso mueve;   el niño crece
y en tierna edad florece   y se levanta
como felice planta   en buen terreno
Ya sin precepto ajeno   él daba tales
de su ingenio señales que 'spantaban
a los que le criaban;   luego estaba
cómo una l'entregaba   a un gran maestro
que con ingenio diestro   y vida honesta
hiciese manifiesta   al mundo y clara
aquel ánima rara   que allí vía
Al niño recibía   con respeto
un viejo en cuyo aspecto   se vía junto

severidad a un punto con dulzura
Quedó desta figura como helado
Severo y espantado, viendo el viejo
que, como si en espejo se mirara,
en cuerpo, edad y cara eran conformes
En esto, el rostro a Tormes revolviendo,
vio que 'staba riendo de su 'spanto
«¿De qué t'espantas tanto?» —dijo el río
«¿No basta el saber mío a que primero
que naciese Severo, yo supiese
que había de ser quien diese la doctrina
al ánima divina deste mozo?»
Él, lleno d'alborozo y d'alegría,
sus ojos mantenía de pintura
Miraba otra figura d'un mancebo,
el cual venia con Febo mano a mano,
al modo cortesano; en su manera
juzgáralo cualquiera, viendo el gesto
lleno d'un sabio, honesto y dulce afeto,
por un hombre perfeto en l'alta parte
de la difícil arte cortesana,
maestra de la humana y dulce vida
Luego fue conocida de Severo
la imagen por entero fácilmente
deste que allí presente era pintado:
vio qu'era el que había dado a don Fernando
su ánimo formando en luenga usanza,
el trato, la crianza y gentileza,
la dulzura y llaneza acomodada,
la virtud apartada y generosa,
y en fin cualquiera cosa que se vía
en la cortesanía de que lleno
Fernando tuvo el seno y bastecido

Después de conocido, leyó el nombre
Severo de aqueste hombre, que se llama
Boscán, de cuya llama clara y pura
sale'l fuego que apura sus escritos,
que en siglos infinitos ternán vida
De algo más crecida edad miraba
al niño, que 'scuchaba sus consejos
Luego los aparejos ya de Marte,
estotro puesto aparte, le traía;
así les convenía a todos ellos
que no pudiera dellos dar noticia
a otro la milicia en muchos años
Obraba los engaños de la lucha;
la maña y fuerza mucha y ejercicio
con el robusto oficio está mezclando
Allí con rostro blando y amoroso
Venus aquel hermoso mozo mira,
y luego le retira por un rato
d'aquel áspero trato y son de hierro;
mostrábale ser yerro y ser mal hecho
armar contino el pecho de dureza,
no dando a la terneza alguna puerta
Con él en una huerta entrada siendo,
una ninfa durmiendo le mostraba;
el mozo la miraba y juntamente,
de súpito accidente acometido,
estaba embebecido, y a la diosa
que a la ninfa hermosa s'allegase
mostraba que rogase, y parecía
que la diosa temía de llegarse
Él no podía hartarse de miralla,
de eternamente amalla proponiendo
Luego venia corriendo Marte airado,

mostrándose alterado   en la persona,
y daba una corona   a don Fernando
Y estábale mostrando   un caballero
que con semblante fiero   amenazaba
al mozo que quitaba   el nombre a todos
Con atentados modos   se movía
contra el que l'atendía   en una puente;
mostraba claramente   la pintura
que acaso noche 'scura   entonces era
De la batalla fiera   era testigo
Marte, que al enemigo   condenaba
y al mozo coronaba   en el fin d'ella;
el cual, como la estrella   relumbrante
que'l Sol envía delante,   resplandece
D'allí su nombre crece,   y se derrama
su valerosa fama   a todas partes
Luego con nuevas artes   se convierte
a hurtar a la muerte   y a su abismo
gran parte de sí mismo   y quedar vivo
cuando el vulgo cativo   le llorare
y, muerto, le llamare   con deseo
Estaba el Himeneo   allí pintado,
el diestro pie calzado   en lazos d'oro;
de vírgenes un coro   está cantando,
partidas altercando   y respondiendo,
y en un lecho poniendo   una doncella
que, quien atento aquélla   bien mirase
y bien la cotejase   en su sentido
con la qu'el mozo vido   allá en la huerta,
verá que la despierta   y la dormida
por una es conocida   de presente
Mostraba juntamente   ser señora
digna y merecedora   de tal hombre;

el almohada el nombre   contenía,
el cual doña María   Enríquez era
Apenas tienen fuera   a don Fernando,
ardiendo y deseando   estar ya echado;
al fin era dejado   con su esposa
dulce, pura, hermosa,   sabia, honesta
En un pie estaba puesta   la fortuna,
nunca estable ni una,   que llamaba
a Fernando, que 'staba   en vida ociosa,
porque en dificultosa   y ardua vía
quisiera ser su guía   y ser primera;
mas él por compañera   tomó aquella,
siguiendo a la qu'es bella   descubierta
y juzgada, cubierta,   por disforme
El nombre era conforme   a aquesta fama:
virtud ésta se llama,   al mundo rara
¿Quién tras ella guiara   igual en curso
sino éste, qu'el discurso   de su lumbre
forzaba la costumbre   de sus años,
no recibiendo engaños   sus deseos?
Los montes Pirineos,   que se 'stima
de abajo que la cima   está en el cielo
y desde arriba el suelo   en el infierno,
en medio del invierno   atravesaba
La nieve blanqueaba,   y las corrientes
por debajo de puentes   cristalinas
y por heladas minas   van calladas;
el aire las cargadas   ramas mueve,
qu'el peso de la nieve   las desgaja
Por aquí se trabaja   el duque osado,
del tiempo contrastado   y de la vía,
con clara compañía   de ir delante;
el trabajo constante   y tan loable

por la Francia mudable en fin le lleva
La fama en él renueva la presteza,
la cual con ligereza iba volando
y con el gran Fernando se paraba
y le significaba en modo y gesto
qu'el caminar muy presto convenía
De todos escogía el duque uno,
y entramos de consuno cabalgaban;
los caballos mudaban fatigados,
mas a la fin llegados a los muros
del gran París seguros, la dolencia
con su débil presencia y amarilla
bajaba de la silla al duque sano
y con pesada mano le tocaba
Él luego comenzaba a demudarse
y amarillo pararse y a dolerse
Luego pudiera verse de travieso
venir por un espeso bosque ameno,
de buenas hierbas lleno y medicina,
Esculapio, y camina no parando
hasta donde Fernando estaba en lecho;
entró con pie derecho, y parecía
que le restituía en tanta fuerza
que a proseguir se 'sfuerza su viaje,
que le llevó al pasaje del gran Reno
Tomábale en su seno el caudaloso
y claro río, gozoso de tal gloria,
trayendo a la memoria cuando vino
el vencedor latino al mismo paso
No se mostraba escaso de sus ondas;
antes, con aguas hondas que engendraba,
los bajos igualaba, y al liviano
barco daba de mano, el cual, volando,

atrás iba dejando   muros, torres
Con tanta priesa corres,   navecilla,
que llegas do amancilla   una doncella,
y once mil más con ella,   y mancha el suelo
de sangre que en el cielo   está esmaltada
Úrsula, desposada   y virgen pura,
mostraba su figura   en una pieza
pintada; su cabeza   allí se vía
que los ojos volvía   ya espirando
Y estábate mirando   aquel tirano
que con acerba mano   llevó a hecho,
de tierno en tierno pecho,   tu compaña
Por la fiera Alemaña   d'aquí parte
el duque, a aquella parte   enderezado
donde el cristiano estado   estaba en dubio
En fin al gran Danubio   s'encomienda;
por él suelta la rienda   a su navío,
que con poco desvío   de la tierra
entre una y otra sierra   el agua hiende
El remo que desciende   en fuerza suma
mueve la blanca espuma   como argento;
el veloz movimiento   parecía
que pintado se vía   ante los ojos
Con amorosos ojos,   adelante,
Carlo, César triunfante,   le abrazaba
cuando desembarcaba   en Ratisbona
Allí por la corona   del imperio
estaba el magisterio   de la tierra
convocado a la guerra   que 'speraban;
todos ellos estaban   enclavando
los ojos en Fernando,   y en el punto
que a sí le vieron junto,   se prometen
de cuanto allí acometen   la vitoria

Con falsa y vana gloria   y arrogancia,
con bárbara jactancia   allí se vía
a los fines de Hungría   el campo puesto
d 'aquel que fue molesto   en tanto grado
al húngaro cuitado   y afligido;
las armas y el vestido   a su costumbre,
era la muchedumbre   tan extraña
que apenas la campaña   la abarcaba
ni a dar pasto bastaba,   ni agua el río
César con celo pío   y con valiente
ánimo aquella gente   despreciaba;
la suya convocaba,   y en un punto
vieras un campo junto   de naciones
diversas y razones,   mas d'un celo
No ocupaban el suelo   en tanto grado,
con número sobrado   y infinito,
como el campo maldito,   mas mostraban
virtud con que sobraban   su contrario,
ánimo voluntario,   industria y maña
Con generosa saña   y viva fuerza
Fernando los esfuerza   y los recoge
y a sueldo suyo coge   muchos dellos
D'un arte usaba entr'ellos   admirable:
con el disciplinable   alemán fiero
a su manera y fuero   conversaba;
a todos s'aplicaba   de manera
qu'el flamenco dijera   que nacido
en Flandes había sido,   y el osado
español y sobrado,   imaginando
ser suyo don Fernando   y de su suelo,
demanda sin recelo   la batalla
Quien más cerca se halla   del gran hombre
piensa que crece el nombre   por su mano

El cauto italiano   nota y mira,
los ojos nunca tira   del guerrero,
y aquel valor primero   de su gente
junto en éste y presente   considera;
en él ve la manera   misma y maña
del que pasó en España   sin tardanza,
siendo solo esperanza   de su tierra,
y acabó aquella guerra   peligrosa
con mano poderosa   y con estrago
de la fiera Cartago   y de su muro,
y del terrible y duro   su caudillo,
cuyo agudo cuchillo   a las gargantas
Italia tuvo tantas   veces puesto
Mostrábase tras esto   allí esculpida
la envidia carcomida,   a sí molesta,
contra Fernando puesta   frente a frente;
la desvalida gente   convocaba
y contra aquél la armaba   y con sus artes
busca por todas partes   daño y mengua
Él, con su mansa lengua   y largas manos
los tumultos livianos   asentando,
poco a poco iba alzando   tanto el vuelo
que la envidia en el cielo   le miraba,
y como no bastaba   a la conquista,
vencida ya su vista   de tal lumbre,
forzaba su costumbre   y parecía
que perdón le pedía,   en tierra echada;
él, después de pisada,   descansado
quedaba y aliviado   deste enojo
y lleno del despojo   desta fiera
Hallaba en la ribera   del gran río,
de noche al puro frío   del sereno,
a César, qu'en su seno   está pensoso

del suceso dudoso   desta guerra;
que aunque de sí destierra   la tristeza
del caso, la grandeza   trae consigo
el pensamiento amigo   del remedio
Entramos buscan medio   convenible
para que aquel terrible   furor loco
les empeciese poco   y recibiese
tal estrago que fuese   destrozado
Después de haber hablado,   ya cansados,
en la hierba acostados   se dormían;
el gran Danubio oían   ir sonando,
casi como aprobando   aquel consejo
En esto el claro viejo   río se vía
que del agua salía   muy callado,
de sauces coronado   y d'un vestido,
de las ovas tejido,   mal cubierto;
y en aquel sueño incierto   les mostraba
todo cuanto tocaba   al gran negocio,
y parecía qu'el ocio   sin provecho
les sacaba del pecho,   porque luego,
como si en vivo fuego   se quemara
alguna cosa cara,   se levantan
del gran sueño y s'espantan,   alegrando
el ánimo y alzando   la esperanza
El río sin tardanza   parecía
qu'el agua disponía   al gran viaje;
allanaba el pasaje   y la corriente
para que fácilmente   aquella armada,
que había de ser guiada   por su mano,
en el remar liviano   y dulce viese
cuánto el Danubio fuese   favorable
Con presteza admirable   vieras junto
un ejército a punto   denodado;

y después d’embarcado, el remo lento,
el duro movimiento de los brazos,
los pocos embarazos de las ondas
llevaban por las hondas aguas presta
el armada molesta al gran tirano
El artificio humano no hiciera
pintura que exprimiera vivamente
el armada, la gente, el curso, el agua;
y apenas en la fragua donde sudan
los cíclopes y mudan fatigados
los brazos, ya cansados del martillo,
pudiera así exprimillo el gran maestro
Quien viera el curso diestro por la clara
corriente bien jurara a aquellas horas
que las agudas proras dividían
el agua y la hendían con sonido,
y el rastro iba seguido; luego vieras
al viento las banderas tremolando,
las ondas imitando en el moverse
Pudiera también verse casi viva
la otra gente esquiva y descreída,
que d’ensoberbecida y arrogante
pensaban que delante no hallaran
hombres que se pararan a su furia
Los nuestros, tal injuria no sufriendo,
remos iban metiendo con tal gana
que iba d’espuma cana el agua llena
El temor enajena al otro bando
el sentido, volando de uno en uno;
entrábase importuno por la puerta
de la opinión incierta, y siendo dentro
en el íntimo centro allá del pecho,
les dejaba deshecho un hielo frío,

el cual como un gran río   en flujos gruesos
por medulas y huesos   discurría
Todo el campo se vía   conturbado,
y con arrebatado   movimiento
solo del salvamiento   platicaban
Luego se levantaban   con desorden;
confusos y sin orden   caminando,
atrás iban dejando,   con recelo,
tendida por el suelo,   su riqueza
Las tiendas do pereza   y do fornicio
con todo bruto vicio   obrar solían,
sin ellas se partían;   así armadas,
eran desamparadas   de sus dueños
A grandes y pequeños   juntamente
era el temor presente   por testigo,
y el áspero enemigo   a las espaldas,
que les iba las faldas   ya mordiendo
César estar teniendo   allí se vía
a Fernando, que ardía   sin tardanza
por colorar su lanza   en turca sangre
Con animosa hambre   y con denuedo
forceja con quien quedo   estar le manda,
como lebrel de Irlanda   generoso
qu'el jabalí cerdoso   y fiero mira;
rebátese, suspira,   fuerza y riñe,
y apenas le constriñe   el atadura
qu'el dueño con cordura   más aprieta:
así estaba perfeta   y bien labrada
la imagen figurada   de Fernando
que quien allí mirando   lo estuviera,
que era desta manera   lo juzgara
Resplandeciente y clara,   de su gloria
pintada, la Vitoria   se mostraba;

a César abrazaba, y no parando,
los brazos a Fernando echaba al cuello
Él mostraba d'aquello sentimiento,
por ser el vencimiento tan holgado
Estaba figurado un carro extraño
con el despojo y daño de la gente
bárbara, y juntamente allí pintados
cativos amarrados a las ruedas,
con hábitos y sedas variadas;
lanzas rotas, celadas y banderas,
armaduras ligeras de los brazos,
escudos en pedazos divididos
vieras allí cogidos en trofeo,
con qu'el común deseo y voluntades
de tierras y ciudades se alegraba
Tras esto blanqueaba falda y seno
con velas, al Tirreno, del armada
sublime y ensalzada y gloriosa
Con la prora espumosa las galeras,
como nadantes fieras, el mar cortan
hasta que en fin aportan con corona
de lauro a Barcelona; do cumplidos
los votos ofrecidos y deseos,
y los grandes trofeos ya repuestos,
con movimientos prestos d'allí luego,
en amoroso fuego todo ardiendo,
el duque iba corriendo y no paraba
Cataluña pasaba, atrás la deja;
ya d'Aragón s'aleja, y en Castilla
sin bajar de la silla los pies pone
El corazón dispone al alegría
que vecina tenía, y reserena
su rostro y enajena de sus ojos

muerte, daños, enojos,   sangre y guerra;
con solo amor s'encierra   sin respeto,
y el amoroso afeto   y celo ardiente
figurado y presente   está en la cara
Y la consorte cara,   presurosa,
de un tal placer dudosa,   aunque lo vía,
el cuello le ceñía   en nudo estrecho
de aquellos brazos hecho   delicados;
de lágrimas preñados,   relumbraban
los ojos que sobraban   al Sol claro
Con su Fernando caro   y señor pío
la tierra, el campo, el río,   el monte, el llano
alegres a una mano   estaban todos,
mas con diversos modos   lo decían:
los muros parecían   d'otra altura,
el campo en hermosura   d'otras flores
pintaba mil colores   desconformes;
estaba el mismo Tormes   figurado,
en torno rodeado   de sus ninfas,
vertiendo claras linfas   con instancia,
en mayor abundancia   que solía;
del monte se veía   el verde seno
de ciervos todo lleno,   corzos, gamos,
que de los tiernos ramos   van rumiando;
el llano está mostrando   su verdura,
tendiendo su llanura   así espaciosa
que a la vista curiosa   nada empece
ni deja en qué tropiece   el ojo vago
Bañados en un lago,   no d'olvido,
mas de un embebecido   gozo, estaban
cuantos consideraban   la presencia
d'éste cuya excelencia   el mundo canta,
cuyo valor quebranta   al turco fiero

Aquesto vio Severo   por sus ojos,
y no fueron antojos   ni ficciones;
si oyeras sus razones,   yo te digo
que como a buen testigo   le creyeras
Contaba muy de veras   que mirando
atento y contemplando   las pinturas,
hallaba en las figuras   tal destreza
que con mayor viveza   no pudieran
estar si ser les dieran   vivo y puro
Lo que dellas oscuro   allí hallaba
y el ojo no bastaba   a recogello,
el río le daba dello   gran noticia
«Éste de la milicia,   —dijo el río—,
la cumbre y señorío   terná solo
del uno al otro polo;   y porque 'spantes
a todos cuando cantes   los famosos
hechos tan gloriosos,   tan ilustres,
sabe qu'en cinco lustres   de sus años
hará tantos engaños   a la muerte
que con ánimo fuerte   habrá pasado
por cuanto aquí pintado   dél has visto
Ya todo lo has previsto;   vamos fuera;
dejarte he en la ribera   do 'star sueles.»
«Quiero que me reveles   tú primero
—le replicó Severo—,   qué's aquello
que de mirar en ello   se me ofusca
la vista, así corrusca   y resplandece,
y tan claro parece   allí en la urna
como en hora nocturna   la cometa.»
«Amigo, no se meta   —dijo el viejo—,
ninguno, le aconsejo,   en este suelo
en saber más qu'el cielo   le otorgare;
y si no te mostrare   lo que pides,

tú mismo me lo impides,   porque en tanto
qu'el mortal velo y manto   el alma cubren,
mil cosas se t'encubren,   que no bastan
tus ojos que contrastan   a mirallas
No pude yo pintallas   con menores
luces y resplandores,   porque sabe,
y aquesto en ti bien cabe,   que esto todo
qu'en excesivo modo   resplandece,
tanto que no parece   ni se muestra,
es lo que aquella diestra   mano osada
y virtud sublimada   de Fernando
acabarán entrando   más los días,
lo cual con lo que vías   comparado
es como con nublado   muy oscuro
el Sol ardiente, puro   y relumbrante
Tu vista no es bastante   a tanta lumbre
hasta que la costumbre   de miralla
tu ver al contemplalla   no confunda;
como en cárcel profunda   el encerrado
que súpito sacado   le atormenta
el Sol que se presenta   a sus tinieblas,
así tú, que las nieblas   y hondura
metido en estrechura   contemplabas,
que era cuando mirabas   otra gente,
viendo tan diferente   suerte d'hombre,
no es mucho que t'asombre   luz tamaña
Pero vete, que baña   el Sol hermoso
su carro presuroso   ya en las ondas,
y antes que me respondas,   será puesto.»
Diciendo así, con gesto   muy humano
tomóle por la mano.   ¡Oh admirable
caso y cierto espantable!,   qu'en saliendo
se fueron estriñendo   d'una parte

y d'otra de tal arte   aquellas ondas
que las aguas, que hondas   ser solían,
el suelo descubrían   y dejaban
seca por do pasaban   la carrera
hasta qu'en la ribera   se hallaron;
y como se pararon   en un alto,
el viejo d'allí un salto   dio con brío
y levantó del río   espuma'l cielo
y conmovió del suelo   negra arena
Severo, ya de ajena   ciencia instruto,
fuese a coger el fruto   sin tardanza
de futura 'speranza,   y escribiendo,
las cosas fue exprimiendo   muy conformes
a las que había de Tormes   aprendido;
y aunque de mi sentido   él bien juzgase
que no las alcanzase,   no por eso
este largo proceso,   sin pereza,
dejó por su nobleza   de mostrarme
Yo no podía hartarme   allí leyendo,
y tú d'estarme oyendo   estás cansado

Salicio

Espantado me tienes
con tan extraño cuento,
y al son de tu hablar embebecido
Acá dentro me siento,
oyendo tantos bienes
y el valor deste príncipe escogido,
bullir con el sentido
y arder con el deseo
por contemplar presente
aquel que, 'stando ausente,
por tu divina relación ya veo
¡Quién viese la escritura,

ya que no puede verse la pintura!
Por firme y verdadero,
después que t'he escuchado,
tengo que ha de sanar Albanio cierto,
que según me has contado,
bastara tu Severo
a dar salud a un vivo y vida a un muerto;
que a quien fue descubierto
un tamaño secreto,
razón es que se crea
que cualquiera que sea
alcanzará con su saber perfeto,
y a las enfermedades
aplicará contrarias calidades

Nemoroso Pues ¿en qué te resumes, di, Salicio,
acerca deste enfermo compañero?

Salicio En que hagamos el debido oficio:
luego de aquí partamos, y primero
que haga curso el mal y s'envejezca,
así le presentemos a Severo

Nemoroso Yo soy contento, y antes que amanezca
y que del Sol el claro rayo ardiente
sobre las altas cumbres se parezca,
el compañero mísero y doliente
llevemos luego donde cierto entiendo
que será guarecido fácilmente

Salicio Recoge tu ganado, que cayendo
ya de los altos montes las mayores
sombras con ligereza van corriendo;

mira en torno, y verás por los alcores
salir el humo de las caserías
de aquestos comarcanos labradores
Recoge tus ovejas y las mías,
y vete tú con ellas poco a poco
por aquel mismo valle que solías;
yo solo me averné con nuestro loco,
que pues él hasta aquí no se ha movido,
la braveza y furor debe ser poco

Nemoroso Si llegas antes, no te 'stés dormido;
apareja la cena, que sospecho
que aun fuego Galafrón no habrá encendido

Salicio Yo lo haré, que al hato iré derecho,
si no me lleva a despeñar consigo
d'algún barranco Albanio, a mi despecho
Adiós, hermano

Nemoroso Adiós, Salicio amigo

Égloga III

1 Aquella voluntad honesta y pura,
ilustre y hermosísima María,
que'n mí de celebrar tu hermosura,
tu ingenio y tu valor estar solía,
a despecho y pesar de la ventura
que por otro camino me desvía,
está y estará tanto en mí clavada
cuanto del cuerpo el alma acompañada

2 Y aun no se me figura que me toca
aqueste oficio solamente en vida,
mas con la lengua muerta y fría en la boca
pienso mover la voz a ti debida;
libre mi alma de su estrecha roca,
por el Estigio lago conducida,
celebrando t'irá, y aquel sonido
hará parar las aguas del olvido

3 Mas la fortuna, de mi mal no harta,
me aflige y d'un trabajo en otro lleva;
ya de la patria, ya del bien me aparta,
ya mi paciencia en mil maneras prueba,
y lo que siento más es que la carta
donde mi pluma en tu alabanza mueva
poniendo en su lugar cuidados vanos,
me quita y m'arrebata de las manos

4 Pero, por más que en mí su fuerza pruebe,
no tornará mi corazón mudable;
nunca dirán jamás que me remueve

fortuna d'un estudio tan loable;
Apolo y las hermanas todas nueve,
me darán ocio y lengua con que hable
lo menos de lo que'n tu ser cupiere,
qu'esto será lo más que yo pudiere

5 En tanto, no te ofenda ni te harte
tratar del campo y soledad que amaste,
ni desdenes aquesta inculta parte
de mi estilo, qu'en algo ya estimaste;
entre las armas del sangriento Marte,
do apenas hay quien su furor contraste,
hurté de tiempo aquesta breve suma,
tomando ora la espada, ora la pluma

6 Aplica, pues, un rato los sentidos
al bajo son de mi zampoña ruda,
indigna de llegar a tus oídos,
pues d'ornamento y gracia va desnuda;
mas a las veces son mejor oídos
el puro ingenio y lengua casi muda,
testigos limpios d'ánimo inocente,
que la curiosidad del elocuente

7 Por aquesta razón de ti escuchado,
aunque me falten otras, ser merezco;
Lo que puedo te doy, y lo que he dado,
con recebillo tú, yo m'enriquezco
De cuatro ninfas que del Tajo amado
salieron juntas, a cantar me ofrezco:
Filódoce, Dinámene y Climene,
Nise, que en hermosura par no tiene

8 Cerca del Tajo, en soledad amena,

de verdes sauces hay una espesura,
toda de hiedra revestida y llena
que por el tronco va hasta el altura
y así la teje arriba y encadena
que'l Sol no halla paso a la verdura;
el agua baña el prado con sonido,
alegrando la hierba y el oído

9 Con tanta mansedumbre el cristalino
Tajo en aquella parte caminaba
que pudieran los ojos el camino
determinar apenas que llevaba
Peinando sus cabellos d'oro fino,
una ninfa del agua do moraba
la cabeza sacó, y el prado ameno
vido de flores y de sombra lleno

10 Movióla el sitio umbroso, el manso viento,
el suave olor d'aquel florido suelo;
las aves en el fresco apartamiento
vio descansar del trabajoso vuelo;
secaba entonces el terreno aliento
el Sol, subido en la mitad del cielo;
en el silencio solo se 'scuchaba
un susurro de abejas que sonaba

11 Habiendo contemplado una gran pieza
atentamente aquel lugar sombrío,
somorgujó de nuevo su cabeza
y al fondo se dejó calar del río;
a sus hermanas a contar empieza
del verde sitio el agradable frío,
y que vayan, les ruega y amonesta,

allí con su labor a estar la siesta

12 No perdió en esto mucho tiempo el ruego,
que las tres d'ellas su labor tomaron
y en mirando defuera, vieron luego
el prado, hacia el cual enderezaron;
el agua clara con lascivo juego
nadando dividieron y cortaron,
hasta que'l blanco pie tocó mojado,
saliendo del arena, el verde prado

13 Poniendo ya en lo enjuto las pisadas,
escurriendo del agua sus cabellos,
los cuales esparciendo cobijadas
las hermosas espaldas fueron dellos,
luego sacando telas delicadas
que'n delgadeza competían con ellos,
en lo más escondido se metieron
y a su labor atentas se pusieron

14 Las telas eran hechas y tejidas
del oro que'l felice Tajo envía,
apurado después de bien cernidas
las menudas arenas do se cría,
y de las verdes ovas, reducidas
en estambre sutil, cual convenía
para seguir el delicado estilo
del oro ya tirado en rico hilo

15 La delicada estambre era distinta
de las colores que antes le habían dado
con la fineza de la varia tinta
que se halla en las conchas del pescado;

tanto artificio muestra en lo que pinta
y teje cada ninfa en su labrado
cuanto mostraron en sus tablas antes
el celebrado Apeles y Timantes

16 Filódoce, que así d'aquéllas era
llamada la mayor, con diestra mano
tenía figurada la ribera
de Estrimón, de una parte el verde llano
y d'otra el monte d'aspereza fiera,
pisado tarde o nunca de pie humano,
donde el amor movió con tanta gracia
la dolorosa lengua del de Tracia

17 Estaba figurada la hermosa
Eurídice, en el blanco pie mordida
de la pequeña sierpe ponzoñosa,
entre la hierba y flores escondida;
descolorida estaba como rosa
que ha sido fuera de sazón cogida,
y el ánima, los ojos ya volviendo,
de su hermosa carne despidiendo

18 Figurado se vía extensamente
el osado marido, que bajaba
al triste reino de la oscura gente
y la mujer perdida recobraba;
y cómo, después desto, él impaciente
por mirarla de nuevo, la tornaba
a perder otra vez, y del tirano
se queja al monte solitario en vano

19 Dinámene no menos artificio

mostraba en la labor que había tejido,
pintando a Apolo en el robusto oficio
de la silvestre caza embebecido
Mudar presto le hace el ejercicio
la vengativa mano de Cupido,
que hizo a Apolo consumirse en lloro
después que le enclavó con punta d'oro

20 Dafne, con el cabello suelto al viento,
sin perdonar al blanco pie corría
por áspero camino tan sin tiento
que Apolo en la pintura parecía
que, porqu'ella templase el movimiento,
con menos ligereza la seguía;
él va siguiendo, y ella huye como
quien siente al pecho el odioso plomo

21 Mas a la fin los brazos le crecían
y en sendos ramos vueltos se mostraban;
y los cabellos, que vencer solían
al oro fino, en hojas se tornaban;
en torcidas raíces s'extendían
los blancos pies y en tierra se hincaban;
llora el amante y busca el ser primero,
besando y abrazando aquel madero

22 Climene, llena de destreza y maña,
el oro y las colores matizando,
iba de hayas una gran montaña,
de robles y de penas variando;
un puerco entre ellas, de braveza extraña,
estaba los colmillos aguzando
contra un mozo no menos animoso,

con su venablo en mano, que hermoso

23 Tras esto, el puerco allí se vía herido
d'aquel mancebo, por su mal valiente,
y el mozo en tierra estaba ya tendido,
abierto el pecho del rabioso diente,
con el cabello d'oro desparcido
barriendo el suelo miserablemente;
las rosas blancas por allí sembradas
tornaban con su sangre coloradas

24 Adonis éste se mostraba qu'era,
según se muestra Venus dolorida,
que viendo la herida abierta y fiera,
sobr'él estaba casi amortecida;
boca con boca coge la postrera
parte del aire que solía dar vida
al cuerpo por quien ella en este suelo
aborrecido tuvo al alto cielo

25 La blanca Nise no tomó a destajo
de los pasados casos la memoria,
y en la labor de su sutil trabajo
no quiso entretejer antigua historia;
antes, mostrando de su claro Tajo
en su labor la celebrada gloria,
la figuró en la parte dond' él baña
la más felice tierra de la España

26 Pintado el caudaloso río se vía,
que en áspera estrecheza reducido,
un monte casi alrededor ceñía,
con ímpetu corriendo y con ruido

querer cercarlo todo parecía
en su volver, mas era afán perdido;
dejábase correr en fin derecho,
contento de lo mucho que había hecho

27 Estaba puesta en la sublime cumbre
del monte, y desde allí por él sembrada,
aquella ilustre y clara pesadumbre
d'antiguos edificios adornada
D'allí con agradable mansedumbre
el Tajo va siguiendo su jornada
y regando los campos y arboledas
con artificio de las altas ruedas

28 En la hermosa tela se veían,
entretejidas, las silvestres diosas
salir de la espesura, y que venían
todas a la ribera presurosas,
en el semblante tristes, y traían
cestillos blancos de purpúreas rosas,
las cuales esparciendo derramaban
sobre una ninfa muerta que lloraban

29 Todas, con el cabello desparcido,
lloraban una ninfa delicada
cuya vida mostraba que había sido
antes de tiempo y casi en flor cortada;
cerca del agua, en un lugar florido,
estaba entre las hierbas degollada
cual queda el blanco cisne cuando pierde
la dulce vida entre la hierba verde

30 Una d'aquellas diosas qu'en belleza

al parecer a todas excedía,
mostrando en el semblante la tristeza
que del funesto y triste caso había,
apartada algún tanto, en la corteza
de un álamo unas letras escribía
como epitafio de la ninfa bella,
que hablaban ansí por parte della:

31 «Elisa soy, en cuyo nombre suena
y se lamenta el monte cavernoso,
testigo del dolor y grave pena
en que por mí se aflige Nemoroso
y llama “¡Elisa!”; ·¡Elisa!” a boca llena
responde el Tajo, y lleva presuroso
al mar de Lusitania el nombre mío,
donde será escuchado, yo lo fío.»

32 En fin, en esta tela artificiosa
toda la historia estaba figurada
que en aquella ribera deleitosa
de Nemoroso fue tan celebrada,
porque de todo aquesto y cada cosa
estaba Nise ya tan informada
que, llorando el pastor, mil veces ella
se enterneció escuchando su querella;

33 y porque aqueste lamentable cuento,
no solo entre las selvas se contase,
mas dentro de las ondas sentimiento
con la noticia desto se mostrase,
quiso que de su tela el argumento
la bella ninfa muerta señalase
y ansí se publicase de uno en uno

por el húmido reino de Neptuno

34 Destas historias tales variadas
eran las telas de las cuatro hermanas,
las cuales con colores matizadas,
claras las luces, de las sombras vanas
mostraban a los ojos relevadas
las cosas y figuras que eran llanas,
tanto que al parecer el cuerpo vano
pudiera ser tomado con la mano

35 Los rayos ya del Sol se trastornaban,
escondiendo su luz al mundo cara
tras altos montes, y a la Luna daban
lugar para mostrar su blanca cara;
los peces a menudo ya saltaban,
con la cola azotando el agua clara,
cuando las ninfas, la labor dejando,
hacia el agua se fueron paseando

36 En las templadas ondas ya metidos
tenían los pies, y reclinar querían
los blancos cuerpos cuando sus oídos
fueron de dos zampoñas que tañían
suave y dulcemente detenidos,
tanto que sin mudarse las oían
y al son de las zampoñas escuchaban
dos pastores a veces que cantaban

37 Más claro cada vez el son se oía
de dos pastores que venían cantando
tras el ganado, que también venía
por aquel verde soto caminando

y a la majada, ya pasado el día,
recogido le llevan, alegrando
las verdes selvas con el son suave,
haciendo su trabajo menos grave

38 Tirreno destos dos el uno era,
Alcino el otro, entrambos estimados
y sobre cuantos pacen la ribera
del Tajo con sus vacas enseñados;
mancebos de una edad, d'una manera
a cantar juntamente aparejados
y a responder, aquesto van diciendo,
cantando el uno, el otro respondiendo:

39. Tirreno Flérida, para mí dulce y sabrosa
más que la fruta del cercado ajeno,
más blanca que la leche y más hermosa
qu'el prado por abril de flores lleno:
si tú respondes pura y amorosa
al verdadero amor de tu Tirreno,
a mi majada arribarás primero
qu'el cielo nos amuestre su lucero

40. Alcino Hermosa Filis, siempre yo te sea
amargo al gusto más que la retama,
y de ti despojado yo me vea
cual queda el tronco de su verde rama,
si más que yo el murciélago desea
la oscuridad, ni más la luz desama,
por ver ya el fin de un término tamaño,
deste día para mí mayor que un año

41. Tirreno Cual suele, acompañada de su bando,

aparecer la dulce primavera,
cuando Favonio y Céfiro, soplando,
al campo tornan su beldad primera,
y van artificiosos esmaltando
de rojo, azul y blanco la ribera:
en tal manera, a mí Flérida mía
viniendo, reverdece mi alegría

42. Alcino ¿Ves el furor del animoso viento
embravecido en la fragosa sierra
que los antiguos robles ciento a ciento
y los pinos altísimos atierra,
y de tanto destrozo aun no contento,
al espantoso mar mueve la guerra?
Pequeña es esta furia comparada
a la de Filis con Alcino airada

43. Tirreno El blanco trigo multiplica y crece;
produce el campo en abundancia tierno
pasto al ganado; el verde monte ofrece
a las fieras salvajes su gobierno;
adoquiera que miro, me parece
que derrama la copia todo el cuerno:
mas todo se convertirá en abrojos
si dello aparta Flérida sus ojos

44. Alcino De la esterilidad es oprimido
el monte, el campo, el soto y el ganado;
la malicia del aire corrompido
hace morir la hierba mal su grado;
las aves ven su descubierto nido,
que ya de verdes hojas fue cercado:
pero si Filis por aquí tornare,

hará reverdecer cuanto mirare

45. Tirreno El álamo de Alcides escogido
fue siempre, y el laurel del rojo Apolo;
de la hermosa Venus fue tenido
en precio y en estima el mirto solo;
el verde sauz de Flérida es querido
y por suyo entre todos escogiólo:
doquiera que sauces de hoy más se hallen,
el álamo, el laurel y el mirto callen

46. Alcino El fresno por la selva en hermosura
sabemos ya que sobre todos vaya;
y en aspereza y monte d'espesura
se aventaja la verde y alta haya;
mas el que la beldad de tu figura
dondequiera mirado, Filis, haya,
al fresno y a la haya en su aspereza
confesará que vence tu belleza

47 Esto cantó Tirreno, y esto Alcino
le respondió, y habiendo ya acabado
el dulce son, siguieron su camino
con paso un poco más apresurado;
siendo a las ninfas ya el rumor vecino,
juntas s'arrojan por el agua a nado,
y de la blanca espuma que movieron
las cristalinas ondas se cubrieron

Libros a la carta

A la carta es un servicio especializado para
empresas,
librerías,
bibliotecas,
editoriales
y centros de enseñanza;

y permite confeccionar libros que, por su formato y concepción, sirven a los propósitos más específicos de estas instituciones.

Las empresas nos encargan ediciones personalizadas para marketing editorial o para regalos institucionales. Y los interesados solicitan, a título personal, ediciones antiguas, o no disponibles en el mercado; y las acompañan con notas y comentarios críticos.

Las ediciones tienen como apoyo un libro de estilo con todo tipo de referencias sobre los criterios de tratamiento tipográfico aplicados a nuestros libros que puede ser consultado en Linkgua-ediciones.com.

Linkgua edita por encargo diferentes versiones de una misma obra con distintos tratamientos ortotipográficos (actualizaciones de carácter divulgativo de un clásico, o versiones estrictamente fieles a la edición original de referencia).

Este servicio de ediciones a la carta le permitirá, si usted se dedica a la enseñanza, tener una forma de hacer pública su interpretación de un texto y, sobre una versión digitalizada «base», usted podrá introducir interpretaciones del texto fuente. Es un tópico que los profesores denuncien en clase los desmanes de una edición, o vayan comentando errores de interpretación de un texto y esta es una solución útil a esa necesidad del mundo académico.

Asimismo publicamos de manera sistemática, en un mismo catálogo, tesis doctorales y actas de congresos académicos, que son distribuidas a través de nuestra Web.

El servicio de «libros a la carta» funciona de dos formas.

1. Tenemos un fondo de libros digitalizados que usted puede personalizar en tiradas de al menos cinco ejemplares. Estas personalizaciones pueden ser de todo tipo: añadir notas de clase para uso de un grupo de estudiantes, introducir logos corporativos para uso con fines de marketing empresarial, etc. etc.

2. Buscamos libros descatalogados de otras editoriales y los reeditamos en tiradas cortas a petición de un cliente.

Lk

Printed in Poland
by Amazon Fulfillment
Poland Sp. z o.o., Wrocław

69735775R00062